思想觀念的帶動者

文化現象的觀察者

本土經驗的整理者

生命故事的關懷者

心靈工坊 ｜PsyGarden｜

Holistic

探索身體，追求智性，呼喊靈性
攀向更高遠的意義與價值
是幸福，是恩典，更是內在心靈的基本需求
企求穿越回歸眞我的旅程

讀懂孩子

"Really" Understand Our Children：
Master the Secret of Love and Education

掌握愛與教育的祕訣

[周鼎文作品集]

周鼎文 —— 著

來自各方的推薦

在傳統倫理荒煙蔓草的現代，周鼎文與道石教育，以道為石，鋪上一條條石板路，讓家庭之道有了經緯，在情緒漫天失功能的家庭關係中，有了以愛前行的依據。書中例子真實而觸動：墮胎、過動症、手足對立、耽溺網路……皆有直指核心的智慧解藥。

王理書

（資深親職老師、神性母親排列推動者）

孩子和父母之間的情感是最可貴也最難梳理的系統，因著愛的緣故，助人者嘗試為親子心結解套，讓代替大家生病的家中成員，透過愛的療癒而獲得健康。父母和子女都需要成長，鼎文提醒為人父母要敏銳地關切孩子、願意讀懂孩子，針對每一位他曾經接觸的案例，層層剝繭，讓孩子與父母重新回到健康的序位。書中還置入簡易的連環插畫，提供為人父母在親近孩子時能夠實際操作的管教方式，十分生動。鼎文在家族排列系統與心理治療領域已自成一家，這本書將開啟我們看待家人關係一個新的視野，

值得向您推薦。

宋鴻燕

（淡江大學教育心理與諮商研究所副教授兼所長、諮商心理師）

作者周鼎文利用「系統觀」來分析孩子的問題，從另一種全新的視角，找出潛藏在問題後面的原因，書中也找到了關鍵：「愛與歸屬感」。相信這本書可以幫助每位父母在與孩子甜蜜又混亂的戰爭中，找到一個不一樣的戰略！

柯志恩

（淡江大學教育心理與諮商研究所教授、立法委員）

本書帶領我們看見孩子疾病背後的問題真相，其實是對家庭系統衝突的呼喚與反撲，而所謂的問題小孩，往往是為愛承擔的代罪羔羊，或是渴望愛與歸屬的孤獨靈魂。作者提醒唯有更大的愛與慈悲，才能真正化解個人需求與系統需求之間的終極矛盾。

黃宗堅

（國立彰化師範大學輔導與諮商學系教授兼系所主任）

一本讓我們更瞭解孩子內心的心靈地圖。當我們從心出發，以孩子為本，我們就能真正看到孩子，瞭解孩子的內心。一旦內心的連結開始建立，父母和孩子的互動就能更加有愛、和諧。孩子也更容易接受我們的幫助，更健康地長大。

陳紀英

（著名心理專家、北京清華大學附屬中學心理中心創建人）

這本書讓我更加堅信，沒有一個孩子是有問題的。那些我們表面看上去有「問題」的孩子，不過是我們沒有幫他們找到自身的優點和長處。如何讀懂孩子，讓他們更快樂地學習、成長，本書開闊了我們的視野，讓家長們站在「系統」的高度，找出解決之道。

魏書生

（著名教育家、東聯教育研究院院長）

如何減輕孩子過重的學習負擔，提高孩子的學習效率？除了培養孩子良好的學習習慣和學習思維，孩子的家庭關係也至關重要。家族系統排列是一個新視角，能讓我

們更全面地瞭解孩子學習問題背後的原因，讓每個孩子都能在家庭的支持下，更好地投入到學習和成長中去。

龔正行

（著名學科專家、北京市第八中學老校長）

「愛與歸屬感」是孩子的答案

這些年，我幫助了許多孩子和家庭朝向幸福快樂。我看到每對父母都愛自己的孩子，也看到每個孩子都愛自己的父母與家人。但既然都有愛，為什麼還是出現了許多問題——行為偏差、情緒困擾、學習問題、人際關係出狀況，甚至生出許多疾病？

這些問題都是不好的嗎？它們是否在告訴我們什麼？

想瞭解這些問題背後的根源，我們就要學會用一種新視角來看孩子，那就是用「系統觀」來看孩子，孩子的生理心理系統、家庭家族系統、人際關係系統，以及社會國家集體系統，乃至更大的生態系統對孩子都有重大的影響。透過系統觀，我們才能更好地瞭解孩子，讀懂孩子。

在輔導了數千個家庭之後，我發現這所有的系統影響孩子最關鍵的點就在——「愛與歸屬感」。它幾乎是每個人心中的渴望，也是我們在溫飽後要達到人生理想的那座橋樑。尤其對正處於成長階段的孩子而言，它更顯重要。在幫許多家庭做輔導時，我發現許多孩子的問題就出在找不到「愛與歸屬感」。

因此，如果你不瞭解「愛與歸屬感」，就沒有辦法真正瞭解你的孩子。

本書用深入淺出的方式告訴你，愛與歸屬感是什麼，愛與歸屬感在孩子的深層心理、家族系統，以及社會、生態系統裡如何影響孩子。透過實例與解說，從孩子們的行為、情緒、人際關係和疾病四個面向來瞭解與引導孩子。更重要的是，我們找到了轉化的鑰匙，讓愛與歸屬感不再是負面的負擔，反而可以成為孩子成長的助力；讓家族的系統動力不再是孩子的牽絆，而能轉化成孩子堅強的靠山。如此一來，危機就能變成轉機，煩惱就能變成智慧，疾病就變成了祝福。

要如何辦到呢？父母要以身作則。

想瞭解孩子，首先我們要瞭解自己，因為我們每個人的內心深處都有一個孩子。你要覺察自己是什麼樣的人？你有怎樣的身心、情緒、行為與人際模式？你是如何過你的人生？

最重要的是，覺察你是如何在愛？覺察自己的愛是「盲目的愛」還是「成熟的愛」。什麼是「盲目的愛」？就是害怕失去歸屬感而讓自己用犧牲、承擔、跟隨或受苦的方式，重複家族不幸命運的愛。什麼是「成熟的愛」？就是能回到自己的序位，尊重家族系統中所有成員的愛，

遵循「生命五大法則」的愛。我們能否將「盲目的愛」轉變為「成熟的愛」，不僅為孩子做了一個示範，更直接影響著我們能否實現自己的人生理想。

瞭解自己才能瞭解孩子；改變自己，孩子也會跟著改變。

我在輔導的過程中看到許多家長和孩子，因為明白了什麼是成熟的愛，明白了生命的法則，他們的人生確實發生了令人欣喜的改變。懷著這一份感動，我寫了這本書。這本書凝聚我多年觀察與工作的經驗，有新興的理論支持與真實的案例解說，再加上內在引導與具體實用的練習。各位讀者，不管是家長孩子、教育學者或專業助人者，如果能用心跟著本書的內容走，領悟與實踐其中的道理，熟練這些引導與練習，我確信會讓你在陪伴孩子的過程裡，學會愛、收穫愛、成就愛，從而將自己與孩子帶往一種光明、理性、成熟的愛當中。

如何讀這本書？關鍵就是要敞開心胸，反觀自己，並親身去探索與實踐。有伴侶的，最好跟伴侶一起讀，這樣你們可以共同成長，一起討論如何教導孩子。你也可以讀給孩子聽，循序漸進，一次讀一個段落，並和孩子一起做練習；大一點的孩子也可以自己讀，相信孩子們會在潛移默化中自行吸收領悟。老師們可以帶學生讀並做練習，安

排進度讓學生分組運用創意，例如表演、朗讀與討論等方式，把書中的知識用相對直觀的方式呈現出來，這樣學生自己會領悟得更多。

本書最後一章是未來教育所關注的新焦點，也就是愛的系統教育、品德教育、情緒教育及生命教育的結合。我在這章做了扼要的重點說明。這幾項教育項目在過去已有許多進展，如能有所結合將為更多家庭與孩子帶來甚多益處，我極欲推廣讓更多人受益。

本書能夠付梓要感謝海寧格老師及我所有的老師，還有 TAOS 道石教育、出版人貝為任先生、心靈工坊所有工作人員，柯琳娟老師、吳慧玲老師及所有參與者的付出。最要感謝的是所有曾來找我協助的家長與孩子們，你們用生命來增長我們的智慧，你們面對困難的勇氣和渴望成長的決心更令人欽佩。在我心裡，這本書是我們共同的著作，是用心、用愛、用專業、用辛酸、用血淚、甚至用生命所寫的一本書，我在這裡極力推薦給大家，只要是當過孩子的人都要讀。

是的，孩子是我們的過去、現在和未來，因為我們每個人也都曾經是孩子。這本書不但可以啟發孩子，更可以啟發我們自己，讀完本書你會發現，孩子問題的背後都是愛，每個孩子的心靈都是美好的，你也會發現自己的心靈

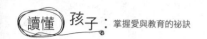

也是美好的，透過這份啓發，我們將實現更美好的未來！

關於本書中的練習

本書各章中的練習，有些是我設計的，有些是採自國際親子專家的，我運用過覺得很受益所以也介紹給大家。

當孩子有一些狀況時，首先要瞭解孩子與自己家庭的心理狀況，並進一步探索深層的系統動力，尋找認證合格的排列師爲孩子與自己進行系統排列個案。

此外，學習溝通與靜心技巧是很有幫助的，透過本書我們既然知道了孩子的成長階段受「愛與歸屬感」影響最大，那麼與其被動受影響，不如有覺知地善用它。本書中各章的練習，就是「愛與歸屬感」在正面方向的運用。父母是孩子的第一任老師，我們希望孩子養成什麼習慣，我們自己要先養成；我們希望孩子成爲怎樣的人，我們自己要先做到。清楚明白「愛與歸屬感」的力量，並且能活用它，你就掌握了引導孩子成長的訣竅。

感恩我的父母周良治先生和蘇育英女士

感恩我的恩師海寧格先生

感恩所有來訪者

因為你們的愛

讓我有機會實現人生的理想

幫助許許多多人改變命運

並使後代的子子孫孫也得以受益

CONTENTS 目錄

CHAPTER 4　孩子的情緒在說什麼

CHAPTER 5　孩子的人際關係在說什麼

CONTENTS 目錄

CHAPTER 1

孩子如何
愛自己的家

許多孩子的問題，

甚至包括成人不幸的命運，

都是因為不知如何處理

需求與良知間的衝突。

人的本能是什麼

我將人類的需求分成三種，每個人活在世上都有一種本能，就是去圓滿這三大需求：

· 個人需求

· 系統需求

· 靈性需求

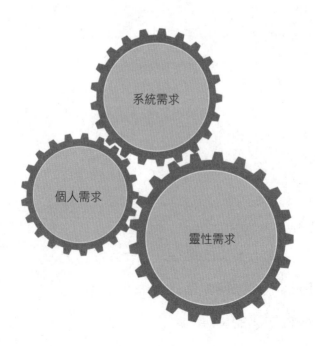

圖 1　人類三大需求

個人需求

美國人本主義心理學家馬斯洛（Abraham Maslow）在他的需求層次理論（見圖 2）中將個人需求從低到高，依次分為生理需求、安全需求、愛與歸屬感的需求、尊重的需求和自我實現的需求。

這也就是說，一個人最基本的需求是活著，有了基本的存活條件之後，他才會進一步生出精神需求，如希望生活在關愛當中，希望擁有歸屬感，希望得到尊重，進而實現自己的價值。

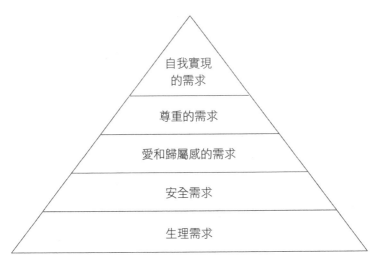

圖 2　馬斯洛的需求層次理論

　　同樣地，當我們的孩子不愁吃穿，生活安全的需求被滿足之後，他自然會想要滿足更高層次的需求，而「愛與歸屬感」正是人在孩童階段最大的需求。歸屬感就像是孩子心靈的食物，孩子為得到這些食物會採取一些行動，會讓一些事情發生在自己身上，只是這些事情並不一定對他自己有利，例如行為觸法、情緒困擾、身體疾病、人際問題、學習障礙等。甚至有一些孩子，會無意識地重複家族成員的命運、會生病或者出現意外。

　　怎樣獲得歸屬感？答案就是：做相同的事，與家人經歷相同的狀況。這樣我們會感覺到自己歸屬於這個家。從哪裡最容易看出來？從一個家庭的飲食。比如說，有些家庭喜歡吃辣，一吃辣，他們就會覺得自己歸屬於這個家，不吃就會對這個家產生疏離感。因此，做相同的事情，會讓人感覺到歸屬感，這份歸屬感的需求會影響人生的種種結果。

　　又比如，父母如果婚姻生活不幸福，孩子想與他們產生歸屬感，就會跟他們發生相同的事情，不知不覺中，他自己的情感也會不順利。最特別的是，這種歸屬感的要求已經超越了腦中想要幸福婚姻的需求，它是無意識的，它會推動我們不知不覺地複製家人的命運。我見過很多孩子為了歸屬感、為了讓爸爸媽媽復合，他們會生病，或做一

些違背健康快樂生活的舉動，甚至情緒、學習乃至人際關係都會出問題。因為孩子在潛意識裡感受到的都是：如果我做相同的事情或和家人有一樣的命運，我的心就會得到歸屬的滿足，否則我就會有罪惡感和孤獨感。由此我們會發現，孩子對歸屬感的要求非常強烈，已經超過理智上的判斷。

但不論出發點怎樣，這些都是一種低層次的歸屬感，是一種盲目的愛。如此，我們就沒有辦法實現更高層次的歸屬感與人生理想。而事實是，當我們用更成熟的愛的方式來愛家人時，我們會發現，其實我們仍舊是歸屬於這個家的。明白這個事實才是自尊真正產生的的契機。我們內心感知到的罪惡感是無法避免的，但當我們可以用「讓自己過得更好」的方式來愛這個家，我們的愛就變得不一樣了。

從跟隨的、盲目的、重複的愛中解脫出來，活出屬於自己的人生，這就是成長。它需要一份覺知與勇氣，大人小孩都一樣。尤其是為人父母，除了讓孩子溫飽，最重要的是教孩子學會如何愛，讓孩子從「盲目的愛」成長為「成熟的愛」。這樣他才能健康快樂地長大，有力量實現自己的人生價值。

那麼，到底該如何愛？歸屬感的層次要如何提升呢？

要做到這些，我們就要領悟「愛的法則」，也就是「生命
五大法則」——整體法則、序位法則、平衡法則、事實法
則、流動法則。這五大法則，後文我們會具體介紹。

系統需求

我們可能對系統知識並不熟悉，但是它卻對我們產生
了極大的影響。我們每個人都在系統裡。系統是一個集體
的組成，小到家庭系統、國家社會系統、生態系統，大到
地球、太陽系的系統。其中，家族系統對人的影響比我們
想像中的更加廣泛。孩子許多行為、情緒、人際、身心等
狀況無一不受其影響。

家族系統（見圖3）就像一個巨人，如同個人有需求
一樣，家族系統本身也有其需求。家族系統的需求包括：
家族系統完整性的需求、遵守先後次序的需求、平衡的需
求、為了讓家族存活而共同形成的核心事實與共同理念的
需求、還有生命傳承的流動需求。

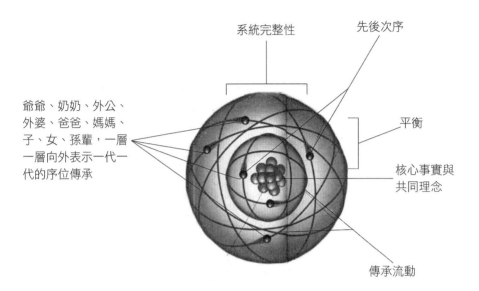

圖3　家族系統運行圖

　　系統需求與個人需求的關係就好像我們的某個器官與整個身體的關係，如果身體無法協調好各個器官，各個器官最終也會出問題。家族系統為了滿足這些需求，總是以系統為優先，而不會考慮個人的健康快樂或成功失敗。但如果我們明白家族系統需求的規律，學會用更好的方式圓滿這些需求——也就是學會並實踐生命五大法則。那麼，我們的個人需求與家族系統需求的層次都得以提升，我們和孩子的人生也會變得不同。

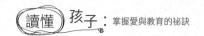

靈性需求

靈性成長的需求是每個人來到這世上的最終目的。亦即透過經歷所發生的一切，領悟到生命的眞諦，活出眞正的自己，與生命大道和諧同行。

靈性需求是超越系統整體的。如果我們說系統需求是太陽系的話，那麼靈性需求就是宇宙。宇宙在人類出現前，在太陽系出現前就已經存在。它不受萬物的支配，充盈於天地間。它看不見摸不著，但一直在活動運行。老子這樣解釋它：「有物混成，先天地生。寂兮寥兮，獨立而不改，周行而不殆，可以爲天地母。」並稱之爲「道」。

圓滿靈性成長的需求就是一個悟「道」的過程，透過領悟與遵循生命五大法則，可以幫助我們一窺「道」的運行奧妙。它超越家庭和種族，超越分別心，幫助我們與孩子領悟圓滿人性的愛。

以上三種需求的共同作用，維持著我們所屬的群體，並形成了這個世界。

良知警報器何時響起

個人需求、系統需求和靈性需求共同作用維繫著我們

所屬的群體，但是需求間會不會發生矛盾？當然會。當它們發生矛盾與衝突時，「良知」這個警報器就會響起。

什麼是良知？良知告訴我們與所屬群體的關係狀況──我們的行為是否危及我們所歸屬群體的權利。

人類是群體動物，就如同獅子、狼群、斑馬等，在深層的生物記憶裡，脫離群體對我們來說就代表著危險，例如再兇猛的獅子如果落單，也有可能被狼群吃掉。因此，一個人是否能夠適當地與其所在的群體相處，有可能影響到他的生存。當一個人的行為危害到他與群體的關係時，他的內在就會有一個警報器響起。這告訴他：「你的行為危害到你與這個群體的關係了！」這個警報器就是良知。而他所感受到的這個不舒服的資訊就是「罪惡感」。當他改變自己的行為，使之不危及自己與群體的關係時，良知的警報器便會發出另一個資訊告訴他：「你現在安全了！」這種舒坦的感覺就是「清白感」。而我們所屬的最重要的一個群體就是家庭。

許多孩子的問題，甚至包括成人不幸的命運，都是因為不知如何處理需求間的矛盾，不知如何處理需求與良知間的衝突而產生的。

當個人需求發生矛盾

比如，孩子對爸爸的個人需求和對媽媽的個人需求發生衝突，孩子做了爸爸要求的事卻違背媽媽的意思。這時候，孩子心中的良知就會對媽媽產生一種罪惡感，擔心是否會影響自己與媽媽的關係，但對爸爸就會有一種清白感。因此，罪惡感和清白感常常是同時出現的。如果爸媽的要求非常不一致，長時間下來孩子就容易形成內外不一致的性格，或學習容易分心、不專注，嚴重的可能會產生過動的情況。

又比如，孩子交了一群喜歡線上遊戲的朋友，他對這群朋友有歸屬的需求，如果不玩線上遊戲他的良知就會不安，就會對這群朋友有罪惡感；再比如，孩子交了一群喜歡偷竊的朋友，他如果不偷竊良知就會感到不安，就會發出罪惡感的警報，因為他的行為危害到與這群朋友的關係，所以他偷東西反而會感覺心安。但偷東西時他對父母及社會又會產生罪惡感。因此，我們要明白，良知警報依據的不是所謂的善惡對錯，而是我們與所在群體的歸屬連結。能明白這一點，你就能明白，孩子的許多問題就是個人歸屬感的需求在作祟，是為了歸屬某群體而產生的盲目行為，孩子甚至會在無意識中做出對自己人生不利的選

擇，生病、不學習、情緒不穩定、人際關係出問題等。

另外，孩子還有一些問題是因為個人與系統需求間產生了矛盾。因受到家族或社會的集體系統動力影響，孩子產生了許多莫名的行為與情緒，出現莫名的人際關係問題與疾病，這種情況父母更難察覺。但幸運的是，這些年我們透過系統排列心理技術的運用，對良知與系統動力有更深的瞭解，透過釐清個人需求與系統需求間的矛盾，我們已經在全世界為許多父母與孩子開啟了幸福、成功的大門，而這也是本書的宗旨和意義所在。

當個人需求與系統需求產生矛盾

比如，個人喜好的需求與家族系統「完整性」需求間的矛盾。個人因喜好與相處經驗會認可某些親人，忽略某些親人，甚至排斥某些親人。但是家族系統完整性的需求是針對家族裡面特定的這群人，而不僅僅是你曾經相處過的某個人，亦即每個人都必須在這個家族裡有一個位置。這個系統特定的人群包括：爸爸、媽媽、爺爺、奶奶、外公、外婆、叔、伯、姑、舅、姨，甚至是家族系統裡面沒能存活下來的夭折的孩子，或者是一些發生不幸事件的家人，他們都需要在家族裡有一個位置，被接受、被尊重。這份系統完整性的需求要求家族系統裡面的每個人都有歸

屬於這個系統的權利，但這就和個人需求產生了矛盾和衝突。有些家族成員，比如夭折的或者被送走的兄弟姐妹，我們可能忽略、不知道或忘記他們，但系統需求會要求我們在心裡看到他們，接納他們。這個時候，個人喜好的需求就會跟系統需求的完整性產生矛盾。

又比如，個人的愛與家族系統序位元需求間的矛盾。家族系統要求每個人要遵守長幼的序位，但有些孩子對父母的愛卻違背了序位法則。例如當父母親吵架時，有的孩子會跑上去當裁判，管教對方說，你們必須怎麼樣好好相處，更有甚者會幫其中一方去責怪另外一方。這樣，序位就錯亂了。此時，孩子就會因錯位而出現很多狀況，比如生病、不快樂、情緒不穩定，甚至厭學等。這也是個人跟系統需求產生衝突的結果。

再比如，個人與家族系統的平衡需求間的矛盾。個人需求的平衡是我給你什麼東西，你也要給我什麼東西，是施與受的平衡。在家族系統裡，除了這份施與受的平衡是必須外，還有一件很重要的事需要平衡，那就是父母和孩子間生命傳承的平衡。父母給我們生命，將我們撫養長大，這其實是一個巨大的失衡。因為我們無法透過給父母生命來平衡它。因此這裡就有一個需求，一個隱藏動力，就是我要去平衡這個失衡，但需要用特別的方式來平衡。

當這個動力往負向走的時候，它就會停留在表面的施與受當中。父母對我好，我很開心；父母對我不好，我就很難過，所以我也對父母不好。其實父母給了孩子生命，甚至不用談及照顧孩子長大，光是把生命給了孩子這一點來說，就是一個巨大的給予。但是孩子往往沒有看到這個巨大的給予，沒有看到這個巨大的禮物，他會覺得，如果自己沒有被很好地對待，就同樣無法好好對待父母。此時，這份巨大的失衡就沒被覺察，親子關係就會變糟糕。

還有一種情況，孩子潛意識裡認識到父母對自己的巨大給予，感受到了平衡需求的巨大壓力，卻沒有回報以平衡之，於是在良知上產生罪惡感，並在潛意識裡選擇走向貶低自己生命價值的路，讓自己過得很糟糕。他的潛臺詞是：「看，我的人生並不好，所以你給我的禮物並沒什麼珍貴的，我也不用珍惜它。」他們在潛意識裡透過貶低生命的方式來平衡這種失衡。

那麼，我們要如何平衡這種巨大的失衡呢？在家族系統裡面，這個平衡需求要求孩子看到父母對孩子的巨大給予，而孩子卻沒有辦法用給予父母生命的方式去平衡，於是系統所需求的平衡就是：孩子就要像父母把生命給自己一樣，生下自己的孩子，並在父母年老時照顧他們，如此來實現一種流動的平衡。這也是一種施與受的平衡，而且

是一種正向的流動的平衡。

同時，家族系統的平衡需求要求我們善用自己的生命。我們得到生命這麼珍貴的禮物，就要好好珍惜，要讓自己的生命價值得到最大程度的體現——這也正是馬斯洛的自我實現需求。正是由於這樣的動力，我們會發現，如果一個人沒有自己的孩子，他就要用自己的生命為這個世界做許多珍貴的事情，讓自己所做的事情像父母給予生命這麼珍貴時才能平衡父母巨大的給予，才能獲得內心的平靜。

因此，平衡個人需求與系統需求，是靈性需求圓滿的途徑。當我們圓滿靈性需求時，個人需求與系統需求也會得到圓滿。

圓滿靈性需求化解矛盾

個人需求、系統需求、靈性需求這三者的圓滿都需要遵循生命五大法則，但彼此之間是相互觸動、相互影響的關係。三者就像緊密契合在一起的齒輪（見圖4），一旦發生衝突，個人就會出現狀況：如果彼此和諧，三者同時順暢運行，我們也會身心調和、家庭幸福、事業成功、受人尊重、實現人生價值，進而活出更大的愛、活力、智慧與慈悲。

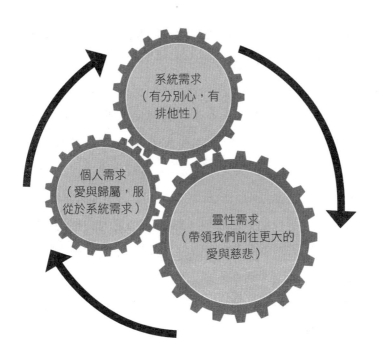

圖 4　周鼎文三大需求關係示意圖
個人需求、系統需求、靈性需求三者彼此影響，相互促發

　　因此，我們要明白，系統是一個集體，是人集合起來
的，小的比如家庭系統、公司系統，大一點的如種族系
統、國家系統。我們每個人都在系統裡面，系統裡面每個
人都有自己的位置。只要是一家人，就要承認每個家庭成
員的位置；作為一個國家，就要承認每個人都是這個國家
的公民。為了讓系統內部成員有這樣的歸屬感，我們對系

統外的人就會有排他性，就會有分別心。而這種排他性、分別心就會跟我們的靈性需求產生矛盾。

比如一條河的上下游有兩個村子，王莊和李莊。王莊的村民屬於同一個系統，李莊的村民又屬於另外一個系統。某年乾旱，兩個村子的村民為了農田灌溉爆發了衝突，村民們都忠誠於自己的系統，都願意為了自己系統的利益而不惜損害其他系統的利益。可以看出，有時候這種系統需求會讓我們盲目忠誠，無法看到更大的整體。

而靈性需求就是那個更大的整體。以靈性需求來說，活在這塊土地上，活在地球上的生靈，彼此之間都需要和諧相處。也就是說，雙方的利益都是重要的，雙方都應該被接受。如果在這當中發生了一些失衡的事情，無論什麼事情，一定能找到一種好的方式去圓滿它。系統需求如果沒有找到更好的方式去圓滿，就會有很多衝突。

在靈性的良知裡，遵循最高層次的生命法則，我們就會站在一個最高的角度去檢視，會站在宇宙生命的「道」來看一切。原來我們所有的人，所有的生靈，在這個宇宙生命的大系統裡都有一個位置，這就是靈性需求的完整性。它要讓所有生物都在宇宙有一個位置，即使是很小的物種，即使是很小的國家。

靈性需求的完整性要求我們接納世間所有的事物——

這正是我們要去成長的地方。如果我們能從系統需求達到靈性需求，遵循生命運作的法則，那麼，我們看待事情就能帶著一份真正的智慧，一份更大的愛，一份慈悲。智慧與慈悲就是靈性需求的成就。

有時候，為了滿足個人需求，或滿足個人對家庭的忠誠，我們就會與心裡面的靈性需求發生衝突。比如在生活中，為了口腹之欲，人們用很殘忍的方式來殘害其他動物，這與靈性需求是衝突的。因為在靈性層面，動物也有自己的位置，也要被尊重。我們要帶著平衡和平等的心，取用我們所需。每一個物種都應當在這個世界平等存在，我們對其他物種或生態的掠奪和傷害會引來失衡與反撲，這些失衡匯集成強大的負向力量，並最終落到我們自己身上，落到孩子身上。

所以，我們才要對大自然進行生態保護。現在，綠色產業的觀念已經興起。我相信，這肯定會成為未來產業的主流。因為，我們都希望下一代的生活中有藍天白雲，有綠水青山，有鳥蟲魚蝶。

整體來說，我們的個人需求是朝向自我實現的，集體系統的需求是為了保護集體存活的，但它們都是可以轉化提升的，若這兩種需求都能跟隨著靈性需求的呼喚，那麼，個人的實現就不是簡單的個人利益的小我實現，而是

一種靈性上對整體好的大我實現；同時集體系統的存活與成長，也將能發展出一種更包容、更成熟的共存、共贏智慧。

看到如實生命，活出真正自己

孩子天性清明，靈性良知是清醒的，所以他們能夠覺察世界「如實的樣貌」。但在成長過程裡，為了滿足個人需求與系統需求，各種觀念開始逐漸塑造孩子的經驗世界，為孩子戴上有色的眼鏡。例如，為了滿足歸屬於這個家的需求，他開始忠誠於這個家的命運、信念等，會重男輕女、婚姻不幸福、為了家庭和諧壓抑心中的真話等。孩子透過做相同的事來表達對家的忠誠，以免危害到他屬於這個家的歸屬權利。漸漸地，孩子終於建立起自己的良知，也塑造了他自己的命運。

然而，世界的如實樣貌乃是以「臨在」的方式存在著，因此孩子們的這種忠誠將模糊、扭曲或阻礙他們看見世界的本然面貌，影響他們看見事情如實的樣子。因此，一個人只有開始覺察到自己是如何看待這個世界，如何面對家族中的事件，並且願意放下自己和事實之間的阻礙，才能夠再一次看見事情如實的樣子，活出生命要他活出的

本然樣貌。

　　而作爲父母，我們要看到的事實是什麼呢？

　　首先，我們要看到孩子是用什麼方式在愛這個家，在愛我們。他們是否用犧牲、生病的方式，或不快樂、不成功的方式？

　　更重要的是，我們要看到自己，要反觀自己是如何愛的，因爲我們愛的方式深深影響著孩子。我們是否用錯位的方式在愛？是否用重複家族負面命運的方式在愛？還是能學會把這份愛轉化爲尊重的愛，看到家族親人們如實的命運並且眞正尊重他們？當這份尊重與感謝足夠眞誠、到位，歸屬感就不再是糾結、牽絆，而會轉變爲更大的支持力量。

　　其次，我們要看到「我們的生命是透過祖先一代一代傳下來的」這個事實。看到生命的力量是如何在我們身上生發的，這會讓我們懂得感恩與努力，會讓自己過得健康快樂、幸福成功，並以實現人生理想的方式來報答父母的生命傳承。這時候，「孝」就自然發生了，「成熟」也自然發生了。然後，我們會本能地開始朝向一個新的旅程，來到一個制高點，我稱之爲「開悟」。而這就是我們的成長之路，孩子也是一樣，生命就是一步一步朝著開悟邁進的旅程。

圓滿靈性成長的需求，即在探索自己、探索世界，活出生命要我們活出的本然樣貌，將盲目的忠誠蛻變爲成熟的愛，重新看見世界如實的面貌。踏上更有智慧、更慈悲的開悟之旅，這便是生命的教育。

如何實踐生命的教育？透過領悟愛的道理，實踐生命五大法則，活出眞正的自己。

愛就要實踐生命的五大法則

老子說過：「人法地，地法天，天法道，道法自然。」

道，或稱宇宙的生命力，它無所不在，在愛裡，在生活裡，在工作裡，在人際關係裡，小到我們身體的系統、家庭系統和社會系統，大到地球和太陽系的系統。我們每個人都在系統裡。我觀察到宇宙生命力的運作有其規律。我將其歸納爲生命五大法則：整體法則、序位法則、平衡法則、事實法則、流動法則。

這五大法則是宇宙的運作規則，也是人生的運作規則，如果能夠遵循這些法則，就能夠讓自己邁向幸福成功的人生，實現自己的理想。但如果違背了這些法則——如同許多孩子做的那樣，即使是出於愛，也無法實現自己的

人生價值，還可能遭受身心的痛苦，上演人生的悲劇。

一、整體法則：關係是一個有機的整體系統，整個家族也是一個系統，所有的家族成員都要被承認，每個人都有一個位置。一旦某個成員因為某些原因不被承認，比如因犯罪被排斥，這時家族中就會出現一個空缺，促使系統裡的其他成員去填補。而通常填補這個空缺的都是孩子，這讓填補其位的孩子也在不知不覺中產生類似不守規矩甚至犯法的行為。同樣，系統裡面發生的事，會由系統內的成員反映出來，成員會承擔系統的未盡之事。因此，整體系統的事件是優先於個別成員的。這就意謂著，當系統裡發生了某些特別的事件，比如孩子早夭，如果這件事情沒有得到很好的處理，系統內的其他成員，尤其是孩子，就容易出現一些莫名的情緒或行為。

二、序位法則：正如日月星辰各居其所，系統裡面每個人也都有其歸屬。家族系統當中，每個人都要在這個家裡按照長幼輩分的「順序」被尊重，每個人都要回到自己應該站的位置上。違背了法則的後果為何？一是失敗。無論動機是否出於愛，當孩子將自己放在一個比父母高的位置時，便註定會失敗。二是會給家族帶來痛苦和教訓。比如，孩子覺得父母生活得不好，想要改變父母的命運。又比如，孩子想要為父母承擔他們的命運，替代父母生病或

者爲父母而死。這些都是很常見的案例。但是對父母來說，讓孩子代替自己去死或受苦是比付出自己的生命更悲慘的一件事。

另外，家庭之間也有序位，新成立的家庭也要先於原來的家庭受到照顧。

三、平衡法則：萬事萬物都想要平衡、希望平衡，我們走路的時候是平衡的；春生夏長秋收冬藏，四季輪迴也是平衡的；人與人之間的互動，在施與受之間保持平衡更是重要的法則。夫妻、情感、施受、金錢、工作都要平衡地對待。

另外，還有一種特殊的平衡就是親子關係。父母給了我們最珍貴的生命，我們無法也給他們生命。但是我們可以達成另一種平衡，就是如同他們一樣，把生命傳給我們的孩子，並且孝順父母。這就是生命的流動性平衡。

四、事實法則：尊重與承認事實的原貌，按照事實如實的樣子承認它。家庭中的悲劇，或是每個人在家族系統裡面的身份，這些都必須得到尊重與承認。比如有一個家庭，大孩子意外身亡，父母爲了避免觸景傷情，就把這個孩子留在家中的所有資訊清除乾淨，結果其他的孩子接二連三地發生類似事件。這是因爲當家庭不願承認這件事，以忽略或否定等方式逃避時，這件事就成了家庭當中的未

盡之事。而事實法則教我們的就是如何對待事實。

我們也經常會因為某個人的行為而否定他的身份事實，這樣的狀況在離婚的夫婦當中很常見。一方很容易否認另一方，並對孩子說「你爸爸（媽媽）不負責任，不配當爸爸（媽媽）」。這個時候，系統裡面的其他人，尤其是孩子，會感覺不安，並出現不當的情緒或行為，重複發生相同的不幸。

五、流動法則：我們的生命是流動的，每個生命個體都是生命資訊的接收器與發送器。同時，透過生命群體關係的相互交流，生命資訊得以在群體中傳遞，家庭、公司、社會等群體系統，都是如此。生命一代代傳承，關係中的資訊也跨越時代而傳遞，情緒、信念、行為模式、身體狀況、命運遭遇，甚至瑞士心理學家榮格（Carl Jung）所提到的集體潛意識，無一例外。所有生命的資訊都在關係內部傳遞著。因此，過去的事情會影響我們，而屬於我們這一代的未盡之事也會影響到下一代。

同時，流動法則也強調我們要學會如何面對與放下人生的種種遭遇，學會順著生命的大力量一起流動。

這五大法則是生命的法則，是愛的法則，是大生命運作的力量在人身上的體現。一旦我們違背了它，它就會給我們警示教訓。而這些警示和教訓最容易在孩子的身上呈

現出來。

　　那麼，如何知道我們是否遵循生命的法則呢？如何知道我們是否走在對的路上？從孩子身上就可以看出來。因為孩子就是家庭以及父母最好的鏡子。

CHAPTER 2

孩子是
家庭最好的鏡子

在家庭中，

沒有人是一座孤島，

孩子就是我們最好的映照。

靜觀鏡照，挖掘孩子行為背後的家庭真相

英國詩人約翰·多恩（John Donne）說：「沒有人是一座孤島。」確實，我們每個人都生活在關係當中。而人生中最重要也最初始的關係，就是我們與父母的關係。

我曾經看過一個短片，在短片中，一對年輕的父母為了照顧小孩，在家裡裝了一個攝影機。有一天，他們 1 歲的孩子忽然大哭，為了瞭解情況，他們播放了影片。結果，他們看到了非常有趣的真相。原來，他們的孩子在獨自玩耍時，不小心撞到桌子，跌坐在地上，當時，那孩子並沒有哭，反而爬了起來朝媽媽所在的方向跑了過去。他探頭看到了媽媽時，立即倒在地上，開始嚎啕大哭起來。

這樣的場景幾乎所有人看了都哈哈大笑，但笑過之後，我們更要思考孩子的行為背後在表達什麼。

曾經有一對夫妻因為他們 12 歲的女兒離家出走來找我。後來層層探究之下發現，是媽媽老有離家的衝動。媽媽很小的時候，父親去世了。她一直對此耿耿於懷，經常有輕生的念頭，想追隨父親而離去。雖然這樣深層的心理狀態她沒有對任何人提起過，孩子卻

敏銳地捕捉到了媽媽的這種隱密心理。所以，她想要留住媽媽。孩子如何把媽媽留住？最好的方式就是離家出走。這樣，媽媽就必須留在家裡等她──而這就是她離家出走的原因。我幫這位媽媽重新面對她父親的過世，並且讓她從心裡接受這個事實，真正願意好好活下來。結果，當天下午奇蹟發生了，他們離家出走的女兒竟主動和他們聯絡並表示要回家了。

通常我們聽到孩子離家出走，就會想說這個孩子怎麼這麼叛逆，這麼不懂事。然後，試圖透過溝通暸解孩子是否遇到什麼困難，想幫助他解決問題，或者讓他感覺到家庭的溫暖……

可是，誰知道這個孩子深層的心理，其實是在挽救想要離開的媽媽呢？只有媽媽學會用自己的幸福快樂來愛父親，學會好好活下來而不是盲目跟隨，她的孩子才能留下來。如果媽媽沒有覺察到這一點，即使透過各種方式找到了孩子，孩子可能還會離家，因為孩子離家的癥結還在。

孩子是家庭最忠心的守護者。他們會想盡辦法拯救父母，挽救父母的關係，他們甚至會犧牲自己來表達對父母的愛。即使孩子成年了，只要愛的方式沒有改變，一樣如此。比如那個媽媽，即使她自己早已為人父母，但原生家

庭對她的牽絆依舊如昔。而她的小孩也像她那樣，為了守護家庭，犧牲掉自己也在所不惜。這是愛，但不是成熟的愛。

透過血緣關係、姻親關係，一個一個的小家庭匯到一起，組成一個大家族。家族當中如果有一些隱蔽的事情，也會影響到這個家族裡的某些孩子。

所以，孩子往往映照了他的家庭；當一個孩子表現出問題的時候，如果你去追究，可能會看到這個家庭，甚至這個家族中隱藏的某些問題。

我在工作中發現，很多家庭父母教養良好，感情和睦，孩子卻出現了各種問題。我不斷往下追蹤，就會發現隱藏在家族中的各種未盡之事或家族祕密：早夭、意外、殺害、暴力、精神病、不當收入……如果這個家族並未好好地面對這些事，或有的人的命運不被接受，甚至遭到排除或忽略，那麼家族中往往會有孩子去重複相同的命運。當家族中每個人重新被尊重，未盡之事得以重新被好好面對，過去的力量就能從牽絆糾結中轉而成為支持的力量，支持孩子們更好地實現自己的人生。

有一個年輕人，每年四月份情緒就會陷入低潮期，甚至想自殺。後來我瞭解到，原來這個年輕人有

一個叔叔，就是在四月份離世的。由於這個叔叔去世時很年輕，爺爺、奶奶、爸爸及家裡的人沒能好好接受這個事實，這件事就成了家族裡隱藏的黑洞，使這個家壓抑了共同的情緒。後來，家族中的其他人，包括這個年輕人，他們一起為這個離世的叔叔做了一些有紀念意義的事情。不久之後，這個年輕人的情緒病就漸漸消失了。

某種意義上，孩子就是家的一面鏡子。當鏡子上出現黑點時，我們必須到投射黑點的那個家裡去探索隱藏在表像層層迷霧下的真實。如此，孩子的問題才能真正解決。

為愛承擔，
問題孩子只是家庭的「替罪羊」

前面說過，當一個家庭裡出現需求間的矛盾時，良知警報器就會響起。而按下這個警報器的人，往往就是孩子。他會自己用行為上的問題、情緒上的問題、人際關係上的問題，甚至生病來宣告，這個家庭系統的運轉需要重新遵照生命的五大法則。

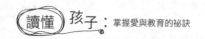

行為問題

我們發現，如果父母之間出了問題，很容易導致孩子出現行為問題。孩子的心需要歸屬感，需要一個地方讓他有家的感覺。當他無法從原生家庭，無法從父母那裡得到的時候，他就會透過別的方式獲得。比如，透過各種管道去認識各式各樣的朋友，好的朋友、不好的朋友都有。為了擁有歸屬感，他會跟朋友做一樣的事情。此時，孩子心裡沒有對錯，只有跟隨。

很多時候，你看到一個孩子有一些不好的行為會說：「這個小孩怎麼這麼暴力？怎麼老欺負別人？」然後你對他好言勸說，或者採取一些懲罰措施。但是，無論你來軟的還是來硬的，這個孩子始終置若罔聞，屢教不改。於是你覺得特別失望，覺得這個小孩「沒救了」。但如果進行深度探究，你就會發現，這個小孩出現這樣的行為問題，其深層原因是在他的原生家庭裡面，父母的關係失衡了。

類似的行為問題還有偷竊，沉溺於網路、電玩、毒品等。

情緒問題

有些孩子情緒很不穩定，不論什麼事情都能引爆他的

怒氣，變得歇斯底里，或者莫名其妙就變得憂鬱，甚至會有自殺的傾向。很多時候，我們會把這個情況歸咎為少年們「少年維特的煩惱」，是處於青春期的少男少女們所特有的困惑感。但我發現，問題可能出在其他地方。

我的課上曾經有一個十一、二歲的小女孩。第一天上課的時候她還挺平靜的，第二天下午，課堂正在講一個墮胎的議題。這個小女孩突然站起來，指責道：「你們這些父母怎麼這麼沒有良心，怎麼可以把自己的孩子殺掉？」她的情緒變得非常激動，把我們大家都嚇一跳。後來我才知道，在這個小女孩之前，她的母親還懷過一個男孩，但因為當時吃了藥，擔心孩子不健康，在胎兒七、八個月的時候引產了。這個女孩的憤怒其實也是她未出生的哥哥的憤怒。

除了會承接沒有出生的兄弟姐妹的情緒，孩子還會承接家族中某些親屬的情緒。我觀察到，存在著殺害事件的家族，經常會出現這兩類情況：一是產生思覺失調症、躁鬱症或妄想症的病患；二是會有家族成員重複經歷這些事情，他會去殺害、傷害別人，或者傷害自己。

身體的疾病

有些孩子則反應在身體上。比如在兒童醫院，有些患

有罕見或特殊疾病的兒童病患，像癲癇、自閉症，或是發展遲緩的孩子，很多是因為家庭或者家族中有一些隱蔽的問題。

例如，有個有自閉傾向的女孩被她媽媽帶到我的工作坊。她媽媽說，女孩從不跟人互動，總是安靜地躲在角落裡。後來我探究到他們的家族會吃一些奇怪的動物，兔子肉、烏龜肉什麼的。找到問題的癥結所在，她家人的心裡都有了要改變的意願，願意調整飲食習慣。不久之後，這個小女孩也變得不那麼自閉了，甚至主動跟人打招呼。

還有一個 10 歲的小孩，一直無法獨自站立行走。後來我瞭解到，是孩子的媽媽一直沉溺在丈夫的過世中無法自拔、一直不願面對丈夫過世的事實。一旦遇到狀況，媽媽的身心乃至生活全部停擺，經常被困在低潮裡。這個孩子受到媽媽心靈的影響，為了陪伴媽媽，於是就生了一個無法「走」的病。

人際關係問題

有些則是影響孩子的人際關係，使他與人互動時產生困難，比如跟家人、同學或是朋友相處困難。曾經有一個孩子，他在學校常常跟同學起衝突，一言不合就要打架。後來我瞭解到，他爸爸、媽媽的關係出現了失衡，爸爸比

較強勢，媽媽經常被欺負。孩子看到這種狀態，非常希望保護媽媽。但他沒有跟爸爸硬碰硬，而是壓抑著這些情緒，到了學校，把它宣洩在與同學們的人際交往中。

危害生命

有的孩子還會透過嚴重危害自己的生命，比如重大疾病或者死亡，來承擔家族的一些事情。我遇到過一個年輕人，他已經結婚了，但經常打自己的妻子。後來我發現，原來他小時候跟弟弟一起出去玩發生了意外，弟弟就在他的面前被水沖走，溺斃。由此，他產生了很強的愧疚感，在潛意識裡他很想跟弟弟一起死。他和妻子之間的問題反而阻止了他追隨弟弟死去。表面看來的家暴，實際上卻是把這個年輕人留在世上的愛的助力。

當孩子出現問題的時候，無論是行為上的、情緒上的、身體上的，還是人際關係方面，抑或是危害生命的事情，我們都要去探究：當孩子出現這樣的情況時，是否有深層的心理因素，是否是在為家庭承擔什麼？當我們注意到孩子選擇愛家庭的方式、瞭解到孩子承擔的事情，就能找出好的方式來協助他們轉變。因為除了傷害自己，一定還有更好的方式來表達他們心中的愛。

孩子會選擇我們做父母，是一種特別的緣分，是給我

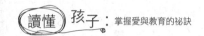

們、給這個家庭，甚至是更大家族的一份重要的禮物。透過孩子的這面鏡子反映出來的問題，都是爲了引導我們更好地瞭解孩子、瞭解自己、瞭解自己的家庭與家族；更重要的是，讓我們有機會反思，並從這些事裡有所學習。

如果我們願意敞開心扉，運用不同的觀點，從不同的視角，去學習如何以更好的方式支援孩子，那麼，從孩子帶來的這份禮物當中，我們就可以學到更多、變得更好，我們的人生也會不斷地成長和圓滿。

家族系統排列，用一種新視角看見孩子

孩子出現問題，是希望透過愛，藉由自己對家族問題的一些承擔、替代，反映出整個家族未圓滿之事。所以，面對孩子的問題，我們要在一般管教之外，超越正面或者負面的觀點，多角度思考它是在提醒我們什麼，是要引導我們看見什麼。而系統排列心理學或許可以爲我們提供一種新的視角。

什麼是系統排列

系統排列是由我的恩師——德國應用哲學家、生命教

育家、心理治療大師伯特・海寧格（Bert Hellinger）整合發展出來的心理學模式。它的焦點在家庭成員的互動與關係上，側重從整個家族系統的角度去理解個人的行爲與問題。它的發展歷史大概是這樣的：過去在家族治療的實施過程當中，經常會發生一些臨時事件，導致某位家庭成員無法出席，於是治療師只好請助理來代表這位家庭成員。奇妙的是，過程中助理竟然能說出他所代表的人的感受，即使他對此人一無所知。很多治療師注意到了這種現象，並進行實驗。美國的一位女治療師更據此發展出了系統排列現象運用的雛形。海寧格先生在此基礎上，進行學習與整合，創立了一種可操作的心理學模式，透過角色扮演及互動，來解決人生當中的各種困境和困擾，進而使我們更接近生命的核心。這種方法的運用，在後面會詳細談到。

我相信，沒有一個父母希望孩子出現不好的狀況。但有時候，面對孩子的種種問題，父母會有一種無力感，覺得到底發生了什麼事情？有沒有辦法瞭解我的孩子到底怎麼了？

系統排列就像是在爲一個家族拍 X 光，它可以檢查出家族中的狀況，看見哪裡的位置錯亂了、哪裡出問題了，以及誰出了狀況。透過系統排列，我們可以把每個人的內在心理重新看一次——有了這些瞭解，我們才有機會

練習　畫出家族系統圖

　　只有特定的人屬於我們的系統，成為牽連糾葛力量的人群。他們由血緣關係和非血緣關係組成（見圖5）。

　　血緣關係：自己與孩子、兄弟姐妹、父母、父母的兄弟姐妹、祖父母、外公外婆。有時還會加入一到兩位曾祖輩。不管他們活著還是已經過世，都屬於我們的系統，都要在系統裡面有自己的位置。

　　非血緣關係：自己與父母或爺爺奶奶、外公外婆的前任伴侶，因生死事件而產生關聯的人，例如車禍、意外、謀殺等事件的相關人；因家族獲得不當的利益而產生糾葛的人。

畫家族系統圖的時候，請盡量去瞭解：

· 家中是否有人早逝、早天？

· 年幼時，雙親是否有人過世？

· 家中是否有家人被送走或領養，是否存在私生子？

· 父母是否為彼此的第一任伴侶（是否之前有結婚、訂婚，是否還有關係親密的情人）？

· 是否有過流產、墮胎？

· 是否有家庭祕密（例如成員被排除在外、遺產分配不

均、不當得利等）？

· 是否有犯罪事件（例如謀殺、被殺、傷害行為等）？

· 家族中是否有重大疾病、行為障礙或成癮習慣（如賭癮、酗酒等）？

· 是否曾有家人發瘋、自殺等暴力事件？

· 是否曾有移民？

步驟 1：畫出血緣關係組成的家族系統的成員，標出每個人的身份和位置。接著，把上述家庭資訊寫在成員旁邊。

步驟 2：看著家族系統圖，逐一在心裡給每人一個位置，並尊重他們，尤其是曾經發生重大特殊事件的家人，他們可能被家族排除或遺忘。做的時候發自內心，用一天一位的方式，緩慢地向他們鞠躬，越慢越好，並且在心中給他們一個位置。

步驟 3：在適當的時機向你的家人或長輩詢問家族史，得到新的資訊即時添加進來，讓這張圖更完整。如果有非血緣關係的家族成員，也一起補充進來，並發自內心地承認他們，尊重他們。

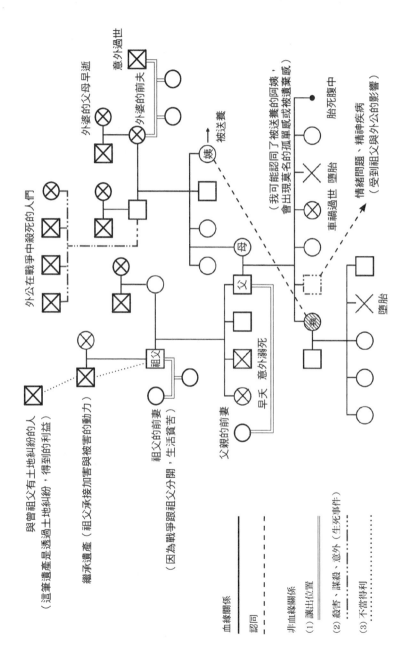

圖 5　家族系統運行示意圖

血緣關係

認同

非血緣關係

(1) 讓出位置

(2) 殺害、謀殺、意外（生死事件）

(3) 不當得利

外公在戰爭中被死的人們

與曾祖父有土地糾紛的人
（這筆遺產是透過土地糾紛、得到的利益）

繼承遺產（祖父承接加害與被害的動力）

（因為戰爭跟祖父分開、生活貧苦）

祖父的前妻

父親的前妻

早夭　意外溺死

外婆的父母早逝　意外過世

外婆的前夫

姨　被送養

（我可能認同了被送養的阿姨，
會出現莫名的孤單感或被遺棄感）

胎死腹中

車禍過世　墮胎

情緒問題、精神疾病
（受到祖父與外公的影響）

墮胎

CHAPTER 3

孩子的行為
在說什麼

「爸媽，我渴望被愛！」

「爸媽，你們的關係失衡了。」

「我們家有人被忽略、被遺忘了。」

面對孩子的問題行為，家長要有所覺知

　　為了引起父母的注意力，有些孩子會去做一些可能帶來嚴重後果的事，比如打架、竊盜、暴力、色情等，甚至發生一些意外。而在這些行為的背後，隱藏著孩子深層心理不為人知的故事。如果父母把這些行為簡單地歸為「問題行為」，把這些孩子粗暴地歸類為「不良少年」，那麼，除了焦慮煩躁之外，父母別無他法。

　　想一想，剛出生的嬰兒是那麼純潔無邪，一天一天地，他漸漸長大，最終長成了現在這個樣子。父母是孩子的第一任老師，所以，我們要有所覺知，也要有所反省：我們是怎樣影響孩子的？我們給了孩子什麼樣的環境和示範？

孩子的問題行為在說「爸媽，我渴望有個家」、「我渴望被愛」

　　我們從前面的章節已經學到，孩子對愛與歸屬感的需求是他現階段最大的渴望。若是他無法獲得與父母的連結，若是沒有一個家讓他感受到這份愛與歸屬，孩子就很容易受周圍朋友的影響，透過與朋友做相同的事來獲得歸

屬感，但這些事往往就是我們所謂的「問題行為」。

有一個 12 歲的小孩，專門偷別人的機車。問他「為什麼偷這些車」，他回答説：「好玩。」再問：「你知不知道這樣做犯法？」他淡淡地答道：「朋友帶我去的，我就去了。」透過系統排列，我發現原來他媽媽很早就離開了他。他爸爸很忙，他在家中找不到歸屬感，所以就從朋友那裡得到歸屬感。要如何從朋友那裡得到歸屬感？就是跟朋友做相同的事，朋友偷車，他就跟著去偷車。在排列中，我幫助他面對媽媽離開的事實，讓他在心裡重新與媽媽有連結，也幫他重新找回和爸爸的連結，找回對家的歸屬感。做完這個排列，很多年過去了，他早已不是那個喜歡偷竊的人了。

家長要有所覺知與反省，當孩子有一些不好的行為，第一時間就要反觀自己。因為，一個乖巧的孩子不會一夜之間變成不良少年。

孩子的失當行為在說「爸媽，你們的關係失衡了」、「你們還沒有真正和解」

在長達 12 年的時間裡，每年我都會給少年犯做輔導。那些孩子因為各式各樣的犯罪行為被限制了自由，比如暴力、偷竊、傷害、色情等。他們是大眾口中名符其實的「不良少年」，問題行為一大堆。但是，當我用家族系統排列的方法重新探究這些孩子的行為時，我看到了不一樣的事實。我發現父母關係失和或父母分離是孩子行為失當的主因。

在為他們做輔導時，我都會在現場問這兩個問題：「你們爸媽離婚的舉手。」80% 的孩子舉手了；「舉手的別放下。你們爸媽雖然沒有離婚，但是關係很不好經常吵架的舉手。」剩下 20% 的孩子也舉手了。由此可知，夫妻關係失衡與夫妻離婚對孩子的影響是非常大的。那麼，夫妻失和與分離是如何影響孩子的呢？

我用一張圖來說明許多孩子與家庭的問題，你很快就能明白。

周鼎文家族動力雙三角

在序位法則裡面，我們學習到，每個人在家庭裡依照

長幼順序都有自己的位置。比如一個三口之家，父母和孩子之間會自然形成一種倒三角的關係：夫妻平等地在上面，孩子在父母之下。父母是長輩，孩子是晚輩（如圖6）。

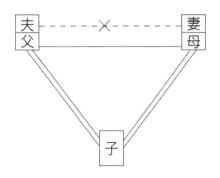

圖6　周鼎文家族動力雙三角 a

這時候，夫妻之間有一份夫妻關係，父子、母子之間有一份親子關係。夫妻關係可能會出現問題，嚴重時二人可能會離婚，此時夫妻關係就結束了。但是，親子關係是無法結束的。當夫妻之間發生衝突失衡的時候，若彼此不好好面對，通常一方會變成加害者，而另一方則會變成受害者。比如，父親是加害者的時候，母親就會成為受害者。此時因為對父母盲目的愛，孩子就會跳出來，想要拯救父母，把自己變成拯救者。而一旦孩子成為拯救者，他的位置就必然會位於父母之上了。

　　本來，孩子的序位應該在父母的下面。但因爲父母的「加害－受害」關係，孩子成了拯救者，這樣一來，序位就錯了。違背了序位法則，孩子就沒辦法在自己的位置上正常成長，更沒有辦法實現自己的人生。同時，當這個孩子站在比父母更高的位置，變得比父母更大的時候，他就不知不覺扛起了原本屬於父母的責任，包括尋找父母問題的責任。孩子要怎樣去拯救父母的關係呢？就像前面所說的，他的行爲很可能會出現問題，包括他的身心、情緒、人際、學習等各方面都可能出現問題（如圖7）。

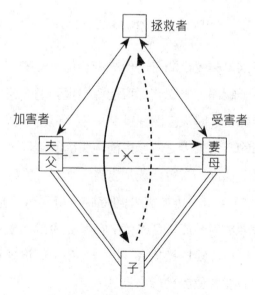

圖7　周鼎文家族動力雙三角b

　　所以，當孩子捲入父母這種「加害－受害」的關係時，這個家就會形成一個「加害－受害－拯救」的家族動力三角形。在這個三角形內部，他們三者的角色會相互移動甚至替換。拯救者當久了可能會變成受害者，受害者也有可能變成加害者，加害者也可能變受害者。比如，作為拯救者的孩子拯救不了父母中受害的一方時，他會感覺是父母害了他，他就變成了受害者。如此，原本父母中的受害者就變成加害者，而加害者因為被攻擊也會變成受害者。如此一來，加害者、受害者、拯救者三者形成一個迴圈，並且將在這個家庭裡面持續下去。

　　孩子身上這種「加害－受害－拯救」的三角形模式會進入他的生活，並吸引身邊的人進入這個三角形乃至成為其中的一個角色。比如在家裡，他是受害者，生病不快樂，覺得父母害了他，而父母就變成加害者和拯救者；在學校，他身上「加害－受害－拯救」的三角形可能會讓他成為加害者，他可能會搞惡作劇，把壞情緒發洩到同學身上，等等；反之，也有可能使他變成受害者，被別的同學欺負。

　　長大之後，他也會帶著這個模式繼續他的人生。比如他成立自己的家庭，在他的婚姻裡發生一些事情，令他變成受害者（或加害者），而他的伴侶則變成加害者（或受

害者），他們的孩子很有可能會重複他的命運模式，變成拯救者。

　　所以，當一個孩子進入這樣一種「加害－受害－拯救」的模式中，他就失去了自由。不僅他的整個人生會受到影響，甚至還會影響到他的下一代（如圖8）。

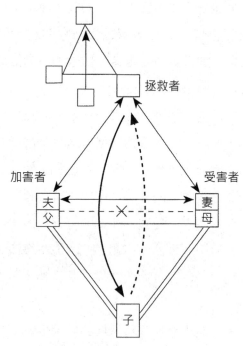

圖8　周鼎文家族動力雙三角 c

　　怎麼辦？唯一的辦法就是讓孩子從拯救者的位置上退回來，從比父母更大的序位上下來，回歸屬於他自己的序位。這樣，他就打破了「加害－受害－拯救」的三角形，回到孩子的位置。

　　我們前面提到，孩子因個人需求所產生的盲目的愛，會讓他在不知不覺中違背系統的序位元法則。因此，作為孩子，他必須不斷學習，學會將這份愛轉化為成熟的愛，並尊重他的父母。

　　但最關鍵的還是父母。作為父母，我們必須要自己去面對和另一半的問題，不要在不知不覺中把孩子徵召進來，讓他成為夫妻問題的拯救者。只有當父母去面對自己的問題，孩子才能從拯救者的位置回到自己的序位，如此他才能自由地活出自己的人生。

夫妻關係失衡要如何調整

　　不管夫妻是失和還是分離，最開始總是從失衡開始的，比如情感上失衡、情緒上失衡、經濟上或生活上失衡。

　　「一陰一陽之謂道」，人要活得自然，陰陽平衡是第一個平衡法則。萬事萬物都要平衡。我們走路的時候，身體重心在左右腳之間來回移動，是平衡的；春夏秋冬四季

輪迴，是平衡的。夫妻也一樣，陰陽平衡，互相支持，讓對方發揮潛能，不斷成長，達到更好的狀態，這才是一種好的夫妻關係。一旦夫妻關係失衡，兩個人就會有越來越多的問題，孩子也會有越來越多問題。

夫妻間最常見的失衡，是雙方互相指責、打壓、控制。久而久之，夫妻關係走向冰點，直至關係解體。這樣的夫妻要學習的相處之道是保持夫妻間一個流動的平衡，也就是我們前面所說的流動法則與平衡法則。

每個人都需要處於平衡的狀態，而世間萬物無時無刻不處於變化當中。如何保持這樣的平衡？流動的狀態是最好的方法。我們的祖先早已知曉這個奧秘，在中國的太極圖裡充分表現了這份流動的平衡（如圖9）。

圖9　陰陽流動平衡的太極圖

對方對你好，你要懂得回報，回報的時候還要「多加一點」。如果對方對你好三分，你回人四分，對方想必特別高興，會更想對你好。如果夫妻之間不斷做這種正向的加法，關係自然越來越好，這就是正面的流動。而多加的這一點，就是愛。

然而，有的人不是這樣的：你對我好三分，理所當然；你對我好十分，還是理所當然。久而久之，對方的好就越來越少了，因為沒有回饋。這就像拍皮球，越用力拍，皮球彈得越高；不用力拍，皮球就會彈得越來越低，最後靜止不動。

所以，夫妻關係中，「理所當然」是一個最危險的陷阱。如果你把對方對你的好當成理所當然，那你就永遠感受不到對方的好，你們的關係必然走向終點。人同此心，我們希望對方怎麼對待我們，我們就要那樣對待對方。

不但正面的要流動，要平衡，負面的也要流動，也要平衡。很多人經常把「夫妻和睦」的觀念誤解為一方壓抑自己去迎合另一方。尤其在很多重男輕女的家庭裡，女性會受到更多的束縛和壓抑。「妳要夫唱婦隨，妳要忍氣吞聲，妳要家和萬事興」，這些話其實就是讓女性壓抑自己去迎合男性。但如果一方的內心只有壓抑，沒有真正的包容，這個家庭是會吸收到這份未被消解的負能量的。

家庭吸收到這份負能量後會出現的情況是，孩子很可能會幫弱勢一方去承擔，例如孩子想要替媽媽出氣，就會出現問題行為。當夫妻認真面對自己的問題，修復自己的關係時，孩子的情況也會改善。

在我輔導宜蘭地方法院少年犯的課堂裡，有一個很高很壯的小孩。小時候，他爸爸管他很嚴。他小學時候都很聽話，成績也很好。但到了青春期，他就跟爸爸硬碰硬，最後乾脆離家出走，跟一群朋友一起生活。他們有時候為了好玩破壞公共設施，有時候為了義氣跟人打架。這次，他就是為朋友出氣跟人打架，差點把人打死了。

我給他做家族系統排列時瞭解到，他的爸爸媽媽結婚後就一起工作，爸爸經營一家衛浴用品店，媽媽幫助爸爸做生意。但爸爸對媽媽的態度很不好，常常責備媽媽，所以媽媽心中有很多情緒一直壓抑著，從未表達出來。孩子在成長的過程中，感受到了媽媽的情緒，並且一直想幫助媽媽。於是，等到他長高長壯之後，看到爸爸欺負媽媽就開始跟爸爸吵架，有一次還向爸爸舉起了刀。他在家中感受不到歸屬感，就在外面結交許多「混混」，因為與「混混」們在一起，

他可以感受到歸屬感。

後來，在我的系統排列課堂裡，我排列出媽媽、爸爸和孩子的關係狀態。讓媽媽領悟到她用壓抑的方式面對夫妻關係，嚴重影響了孩子的行為，乃至造成這種不幸的後果。當她學到要自己去面對夫妻問題，不再用壓抑的方式表達對丈夫的憤怒時，孩子的態度就軟化下來了。

可能出現的另外一種情況是，夫妻中壓抑的一方，壓抑到了某個階段後就大爆發，做出一些極端的反應。鬧離婚事小，有時還可能造成整個家的悲劇。比如經常有一些新聞爆出來，長期壓抑的一方殺掉對方，或者帶著小孩一起自殺，這些都是長久壓抑的結果。

所以，夫妻要學會面對彼此間的負面事件，簡言之，要學會吵架。真正的原諒與壓抑是不同的，夫妻要學會回報負面的對待，表達負面情緒。要如何回報負面的對待呢？那就是回報的時候減少一分攻擊，帶上一分愛。這個減少不僅是數量上的，更是攻擊程度上的。這樣減少一分攻擊，帶著一分愛，對方也會逐漸減少自己的攻擊，兩個人就能越來越平和。這樣負面的能量越來越少，正面的能量就會越來越多，幸福感就出來了。

　　還有一種夫妻間的失衡，可能很多人會忽視，就是媽媽過於強勢，承擔了家庭的所有責任，造成雙方在家庭的責任和權力上失衡。都說女子能頂半邊天，現在有的媽媽更厲害，能撐起整個家庭的天。

　　有這樣一個案例，一個讀中學的男孩，不喜歡讀書，就喜歡交一些不好的朋友，父母非常著急。透過和他們接觸，我觀察到這對父母，男方不管說什麼都會看妻子，連問孩子幾歲，他也要先看看妻子。在做家族系統排列的時候，他就是一直看著妻子。而妻子的肩膀又壯又硬。很明顯，在這個家庭中，女方表現了太多陽剛的力量，而丈夫缺乏男性力量。

　　這個例子的解決之道是：丈夫對妻子說出「對不起，我把我的責任都給了你，我沒有站在一個爸爸的位置對待孩子」，妻子則應對丈夫說出「對不起，是我讓你變得更懦弱了，我只是他的媽媽，在對待孩子的事上，我會在背後支持你」。之後，他們的孩子也願意回到他們的身邊了。

　　由此我們可以學習到，對待青春期的孩子，不管男孩或女孩，媽媽要多多放手，讓他跟爸爸的力量好好連結，

這樣他才能順利成長。

　　大自然的法則中，男性是陽剛的，女性是陰柔的。一個男人，要學會擔當，學會負責任。一個有擔當的男人，他的人生就不會出現強勢的妻子。當一個男人不擔當時，妻子陽剛的力量就會被喚醒，所以這樣的男人通常會吸引強勢的女人。

　　在上面這個案例中，他的妻子其實也會很難過，因為她陰柔的一面沒辦法發揮。同時，女人要展現自己的柔美，不要控制，並不是所有的一切都要按照妳覺得對的方式來發生，男人喜歡被陪伴、被支持、被友善對待、被照顧。夫妻雙方能互相尊重，孩子自然也就會改變。

　　如果有的夫妻最後仍無法在一起，那麼就算分開，心中也要和解。如何和解呢？夫妻離婚和解要做到這三個步驟：

　　第一步，承認。承認彼此曾經的愛，曾經給過對方的好，以及對方曾給過自己的好。不因負面的情緒而否定彼此曾經有過的美好記憶。

　　第二步，負責。對於彼此出錯的部分，願意負起屬於自己的責任，也把對方的責任交還給對方。

　　第三步，心中給位置。婚姻的這份連結是生命中不可磨滅的經驗，這份連結也讓對方成為自己系統中的一分

子，要給一個屬於他（她）的位置。

做到這三步，才能帶著祝福離開對方。透過這樣的和解，不僅能讓父母心無掛礙地繼續向前走，對孩子的人生也是一種祝福和支持。

孩子的問題行為在說「我們家族中還有重大的未盡之事」

生命是流動的，每一代人都應當擔負起自己的責任，完成自己的使命，但同時也要從過去學會一些事，否則生命就會回溯，被過去的力量拉扯著，使人無法投注到眼前、當下。

有一位四十幾歲的男性，他平時是一個非常溫和的人，但一喝酒就判若兩人，愛打人，甚至會拿刀。他和家人都為此深深擔心和恐懼。後來，我追問他的家族史才得知，他的叔叔在四十幾歲醉酒時被人打死，而他的爺爺也在四十幾歲的時候意外身亡。在進行家族系統排列的過程中，我瞭解到這個家族與人有著不義之財的糾葛，因此被一種負向的力量詛咒著。所以，當這件事情沒有被很好解決，這個家族的人就可能會一代代盲目地重複著相似的命運，除非他們去

創造機會，完成這個未盡之事。

　　生命就是這樣一代代傳承的。只要家族中有未完成之事，一代代的人就會用自己的生命重複演繹這個故事，直到這件事情被看到、被解決。

　　誰會被選中成為演繹這個故事的主角呢？很多時候是最受大家寵愛的那個孩子。

　　曾經有一對夫妻因為孩子的問題來到我的工作坊，他們的孩子因為縱火進了拘留所。為他們做家族系統排列的時候，夫妻倆都面對孩子站著，望向孩子，但孩子卻背對著他們，似乎在躲避他們——這種情況很多時候是因為墮胎（這個議題後面會重點講）。我詢問這對夫妻，在這個孩子之前，他們有沒有過墮胎的孩子。妻子告訴我，他們曾經有過一個胎兒，懷孕五個月的時候，她不小心從樓上滾下來，當時胎兒還會動，但兩個月後胎兒不動了，去醫院檢查後才知道胎兒已經死了。只是這個死胎怎麼都沒辦法生下來，最後醫生只能採用剖腹的方式拿掉死胎。由此可見這個胎兒有著多麼強的求生意志啊。我在排列中加入了代表來代表這個死胎，他們的孩子立刻向他

靠近，並依偎在他身旁。

　　像這種家族中的未盡之事，一般都會成爲一個祕密，而且大家對此噤若寒蟬，假裝沒有發生過。這個祕密將會成爲家族當中的一個舊傷，乃至形成一個黑洞，引發很多衝突。而家族系統爲了滿足系統完整性的需求，孩子就被莫名吸入，去填補那個黑洞。

孩子的失當行爲在說「我們家有人被排除了……我們家有人被忽略、被遺忘了」

　　有些時候，孩子出現了一些不好的行爲，確實是因爲父母給的愛不夠多，愛的方式不夠好，所以孩子離家去外面尋找歸屬感。但有的時候，父母很疼愛的那個小孩，他依然會莫名做出不好的舉動，甚至引發很嚴重的後果。這種時候，原因可能不在父母，而是在祖父輩，甚至曾祖父輩身上；或者是發生在同屬一個家族系統的舅舅、叔叔、姑姑等身上。

　　我遇到過一個孩子，他剛上高中卻愛上了賭博，不專心學習。他的父母想了各種辦法都沒能讓他走上正途。後來我給他們做家族系統排列的時候發現，孩

子有一個素未謀面的舅舅，因為濫賭被全家人排斥。
孩子在潛意識裡繼承了這個舅舅的命運。因為這個舅
舅沒有被家人接受，被這個家排除了，因而在這個系
統裡形成一個黑洞。如同我們前面章節所說，家族系
統有完整性的需求，它推動孩子填補這個黑洞，進而
重複舅舅的行為與命運。

其實，這就是家族系統需求運行的結果，它超越我們
理智的範圍和道德的角度。它包容每個人，要求家族成員
必須把每一位成員都包含進來，不能因他們的不良行為而
排除。我們要學會給每個家人屬於他們的位置，讓每個人
都能各歸其位。

孩子心中需要爸爸的位置

當需要探索孩子的深層心理動力，家族系統排列是我
最常運用的方法之一。當來訪者尋求協助時，我會先請他
簡單敘述自己的困擾，然後決定幾位與這個困擾有關的關
鍵角色，接著請助理人員代表這些關鍵角色。然後，讓來
訪者憑著自己的直覺，將代表們所代表的幾個角色關係排
出來。比如，相互之間的遠近、面對的方向等。

家族系統排列是類似角色扮演的一種深層意識探索與心理支援方式，它的依據是「資訊場域」。我們每個人都身處關係當中，以自己的身體作為資訊的接收器與發送器，接受著系統裡的資訊影響，並影響著系統裡的其他人。

當代表們站定後，立刻會形成一個「資訊場域」。儘管代表們事先對來訪者毫無所知，對他們所代表的角色同樣毫不知情，但由於場域的作用，只要代表們靜心專注於自己的感覺，中立地將自己的感受呈現出來，包括身體的、心理的及深層的想法，並以此來移動自己的位置，或做一些動作，關係的深層動力與問題背後的根源便會得以具象化。再經過導師的探索與引導，問題的解決之道也就隨之浮現。

下面的個案，是我對宜蘭法院少年犯進行的一次輔導案例。

主人公是一個十多歲的少年，名叫阿軍。父母離婚後，媽媽獨自一人撫養他和弟弟，非常辛苦。

阿軍是因為偷竊而被拘留的。參加工作坊的時候，媽媽也來了。媽媽很迫切地想要做個案排列，但阿軍並不太熱心，整個過程都面無表情。直到媽媽拿

起麥克風，滿臉憂愁地開始講話時，阿軍歎了口氣，把頭偏向了一邊。

「我是個單親媽媽，有兩個孩子。他一直不愛學習，但這些我都不要求。對他，我只希望他能乖乖聽話就好，不要再進這裡了。」媽媽聲音裡都是疲憊。

「他看上去是個聰明的孩子。」我說。

媽媽點點頭，補充說：「阿軍很愛運動，都說愛運動的小孩不會變壞，但他……兩年前，他下課後開始變得很晚才回家，我不知道他跟朋友在做什麼，哪裡知道後來就進這裡了。」

「我們來做一點支持的工作好嗎？」

媽媽再次點頭，同時看了孩子一眼。

「他多久跟爸爸見一次？」

「沒有。」媽媽搖頭回答。

顯然，又是一對怨偶。很多夫妻甜甜蜜蜜結婚，婚後卻把家當成了戰場。真希望所有的夫妻結婚前都做一下培訓，學習婚後如何相處，如何經營婚姻，若到了真正無法再繼續的情況，如何好好離婚，以及離婚後如何對待孩子。不然，當至親的父母成了敵人，孩子該怎麼辦呢？

我追問道：「從來沒有聯絡過？」

媽媽肯定地點點頭：「是。」

「好，那你當初為何嫁給他爸爸呢？他有沒有一些什麼優點呢？」我引導她。媽媽聳聳肩。

我繼續鼓勵：「總會有一些優點吧，不然妳怎麼會嫁給他呢！」

媽媽望向遠方，像是望到很多年以前，輕輕說：「他，疼我。」

媽媽把孩子生下來，爸爸把孩子帶向這個世界，並讓他認識這個世界。孩子出生以後就要學習，而爸爸代表的就是學習的能量。小孩如果厭學，表示這個爸爸沒有被承認，沒有被認可。當媽媽不去承認爸爸，孩子學習的力量就沒有辦法連結上，孩子學習的能量就會減弱。現在，我要讓孩子重新跟爸爸連結上。我說：「很好，阿軍你看哦，爸爸很疼媽媽，這是好的。你可以把這個部分學起來哦！還有呢？」

「工作認真吧……體貼算不算？」媽媽不確定地說。

「工作認真很好，朝這個方向，孩子未來就會認真工作哦；體貼當然也行，待人體貼。我們要讓孩子學習父母的優點，這是很重要的開始啊！如果我們希望孩子朝好的方向走，那就要用好的角度來連結，那

你怎麼叫阿軍？」

「哥哥。」媽媽說，「他是家裡的老大。」

系統裡面，每個成員都按照先來後到的順序擁有自己的序位元。一旦序位錯亂，就會出問題。我立刻指出了媽媽的這個錯誤：「哥哥？叫一個小孩哥哥，那他變成什麼了？妳變成什麼了？位置不對了哦！名字都怎麼叫？」

「阿軍。」

我溫和地看向孩子：「阿軍，你很棒，你跟你爸爸一樣工作認真，一樣體貼，照顧家人。是不是，阿軍？」

孩子與母親同時點頭。用優點來連結父母親，那孩子的聰明就能用在更好的地方。

「現在跟爸爸沒有聯絡了嗎，也不知道他去了哪裡？」我問道。

媽媽沒有回答，只點了點頭。我對媽媽說：「我們要讓阿軍知道，爸爸媽媽離婚了，但爸爸還是在你心裡。現在我們來瞭解孩子還有你們的深層心理狀況，你來排列三個人的位置吧。」

看得出，媽媽非常關注阿軍，也希望阿軍和爸爸能有一個好的連結。漸漸地，場中發生了變化，爸爸

無力地蹲下了，閃躲著孩子與媽媽，並自顧自地移動著；同時，阿軍慢慢來到了媽媽身邊，但媽媽卻專注地看著爸爸。顯然，媽媽一直在關心著爸爸。

我說道：「阿軍的爸爸有一些自己的狀況，他的父親與祖父呢？」

「他的爺爺在阿軍一歲的時候過世，大約八十歲了，是生病走的。他曾祖父是山東人，好像是一個人到臺灣，其他的我也不清楚。」

我立刻在場中加入了阿軍的爺爺和曾祖父。顯然，曾祖父離開了爺爺，父系力量的中斷才是問題的源頭。根據流動法則，家族中的爸爸們有著一代代的連結。生命是一代代流動下來的，爺爺與曾祖父的連結中斷了，而阿軍也重複了這樣的命運，與自己的爸爸連結中斷了。

「記得，沒有曾祖父就沒有阿軍，所以曾祖父要被承認，父系的力量要重新連結。」

在我的引導下，媽媽真誠地說：「您是我前夫的爺爺，您的兒子離開了您，沒有辦法照顧您。不知道您處於一種什麼樣的狀況當中，是餓死了？是病死的？我們不知道。您的兒子很想念您，他把生命傳下來了，生了阿軍的爸爸，阿軍的爸爸又生了阿軍，他

是您的曾孫，是你們家族裡的男人。」

　　阿軍作為一個男孩子，但跟爸爸這邊男性力量的連結是很脆弱的。只有幫他連結上家族當中男性的力量，他才不會再去偷那些對他沒有用的東西。因為他所要偷的不是別的，是他爸爸的愛啊！

　　我示意媽媽要好好跟阿軍談一談爸爸。她專注看著兒子，慢慢地，眼眶略紅，說：「我跟你爸爸離婚了，但你爸爸還是你的爸爸，雖然我們分開了，但他始終是你的爸爸，如果……」媽媽哽咽了起來，一個深呼吸後，繼續說道：「如果你能跟他一樣體貼別人，認真工作，我會很高興。」

　　阿軍對我聳聳肩，說：「突然有一點想朝向爸爸，可是又很想跟媽媽再靠近一點。」

　　我繼續鼓勵媽媽：「你要清楚地讓兒子知道『爸爸媽媽有一些相處上的問題，但我會找到好的方式來處理，你永遠都是爸爸的兒子』。」

　　媽媽有所領悟，當場轉向阿軍：「爸爸媽媽離婚是我們的問題，你永遠都是爸爸的兒子。如果你想去找你爸爸，我同意！」

　　這份同意帶來了巨大的轉變力量，媽媽牽著阿軍的

手，一步一步很慢地朝向阿軍的爸爸，最後終於和爸爸的手牽在一起了。

從此阿軍不用再偷了，因為他已經得到媽媽的同意，他可以正大光明地獲得爸爸的愛了。

夫妻分離，父母合一

家長要明白，不管夫妻關係怎麼樣，不管夫妻要不要離婚、為何離婚，孩子永遠是我們的孩子。父子關係、母子關係一旦結成，這輩子永遠不會更改。媽媽還是他的媽媽，爸爸還是他的爸爸，不僅要承認對方的親子地位，即使分開了也要支持對方成為一個好媽媽或好爸爸。

如何支持對方呢？你可以這樣對孩子說：「我和你爸爸（媽媽）無法在一起生活，那是我們自己要面對的問題，但是他（她）永遠是你爸爸（媽媽），你要愛他（她）。」

如果另一半有較長的時間沒有辦法看望孩子，這時候你要把對方時常帶進孩子的生活，讓他好像在孩子身邊一樣。比如，當孩子學習好，考到好成績，你可以對孩子說：「如果你爸爸（媽媽）看到你學習這麼好，他（她）一定很高興！」又比如，孩子運動會玩得很開心，你可以對孩子說：「如果你爸爸（媽媽）在這裡看到你玩得這麼

開心，他（她）一定也跟著開心！」

　　記住，只要你願意，透過你，孩子爸爸（媽媽）的愛依然可以流到孩子身上。這樣，就算夫妻不在一起，孩子仍然可以健康快樂地長大。這就是「夫妻就算分離，父母仍要合一」的道理。

離婚夫妻如何陪伴孩子成長

　　不管夫妻雙方為何離婚，對孩子來說，媽媽還是他的媽媽，爸爸還是他的爸爸，承認並支持這個位置與態度，將對孩子的成長起關鍵作用。有的人雖然表面上會讓孩子與另一方定期見面，但並沒有真正認識到夫妻離婚其實更要加強孩子與爸爸或媽媽的親子關係。沒有積極地強化雙方的親子關係，只是義務性的見面，甚至更糟糕的，一方一直在孩子面前批判另一方，這就讓孩子捲進夫妻情感的問題當中。

　　孩子永遠都是雙方的孩子，不能因為夫妻關係的變化而引發親子關係的變化，要一直帶著這樣的心態來覺察自己的所作所為，這是一個前提。

　　如果夫妻離婚了，該如何幫助孩子面對、陪伴孩子成長，對於不同年齡的孩子有不同的做法。

對於學齡前的孩子來說，最需要的是父母身體上的接觸。

我們都知道，學齡前的孩子身心發育是一體的，所以更多的身體接觸會讓孩子感受到心理的接近。比如擁抱，這是一種涵容的感覺，讓孩子感覺自己被包容、被接受。父母要盡可能地多與孩子進行身體接觸，同時，可以告訴孩子：「爸爸和媽媽因為相處困難沒有辦法住在一起，但我們永遠是你的父母，永遠愛你。」

尤其在抱著孩子的時候，多提到對方的好，多提對方的優點。這是我特別研究出的一種深層心理學技巧。這樣，孩子在與一方有身體接觸的時候，另一方就自然地被帶進來，夫妻雙方就合一了。

到了小學階段，孩子會希望自己跟父母相像，他們用這樣的方式來與父母連結，並感覺歸屬於父母。如果這時候雙方在孩子面前批判對方，一方面孩子會很矛盾：我如果跟爸爸好像就背叛了媽媽、我如果跟媽媽好像就背叛了爸爸；更嚴重的是，孩子真的會越來越像那個被批判的爸爸或者媽媽。尤其是那些離婚後半年或一年才見孩子一面的父母，如果孩子接收到關於父母的資訊都是負面的，那麼他像父母的方式也會朝著這個方向——就像他得到的那些負面資訊一樣。

　　所以在向孩子描述他的爸爸或者媽媽時，要帶著覺察。我們可以用直接描述的方法，稱讚孩子像對方的地方，這樣孩子就會非常自然地朝向好的方面歸屬。

　　還有一種方式，就是間接連結。讓孩子在身邊，對第三者稱讚孩子與對方像的優點。比如媽媽對自己的朋友說：「這個孩子跟他爸爸一樣，做事情特別認真。」孩子會豎起耳朵聽，並且真的聽到心裡去。

　　我們不能一邊對孩子說「你好棒，跟你爸爸一樣認真負責」，轉過頭又對別人說「這個孩子跟他爸爸一樣做事情顛三倒四」，這時候孩子會感受到之前的話是不真誠的。

　　離婚的夫妻真的要注意，面對孩子，自己要行使父職母職，而不是處理夫妻關係問題。甚至對方沒有辦法參與到孩子的教育時，也要刻意把對方拉進來。

　　曾經有一位法官朋友對我說，他在判決離婚夫妻的撫養權爭奪案件時，會去聽雙方怎麼描述對方。如果在雙方條件差不多的情況下，他會把撫養權判給帶著尊敬和愛來描述對方的人。並且，我們要創造機會讓孩子跟對方的家族接觸，讓孩子連結上對方家族的力量。

　　祖先就是我們的根。我們每個人就像一顆牙，每顆牙有四個牙根，爺爺奶奶、外公外婆就是我們的根（如圖

10 所示）。

　　我們要紀念祖先，因為這是一份生命的連結。我們要感謝他們把生命傳承下來。如果一個人不紀念自己的父母親、不祭拜自己的爺爺奶奶，就會形成一個空缺，變成家族的黑洞，好像上文實例中阿軍的爺爺一樣。阿軍的爺爺離開了家，跟自己的爸爸沒有形成好的連結，出現了一個空缺。結果，阿軍的爸爸又像爺爺一樣，讓一代又一代的孩子都同樣缺一個爸爸的位置。阿軍的父系長輩們被尊重、被紀念後，這個家族才會真正向好的方向發展。

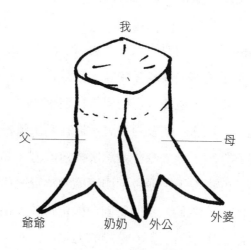

圖 10　生命紮根傳承示意圖

特別話題：隔代教養

因為經濟壓力，很多年輕父母要工作養家，於是帶孩子的事情就落到了老人身上。在這樣的現狀下，老人和年輕夫妻生活在一起的情況變得非常普遍，兩代人間瑣碎的矛盾也特別多，生活經常充滿許多小摩擦。

帶孫不是老人義務，對老人要有感恩心

在我看來，對父母的感恩是化解這一切矛盾的最基礎心態。很多年輕父母把老人為自己帶孩子當成理所當然，而沒有感恩的心態，所以稍不如意就指責，要求老人完全按照自己所謂的「科學育兒法」帶孩子，要求老人改變幾十年的生活習慣來遷就自己……其實換位想一想，問一下自己：以後是否有勇氣放棄自己熟悉的家和鬆散的晚年生活，到一個相對陌生的環境，幫兒女帶孩子呢？長輩把我們養大是責任，但帶孫子不是義務，只是幫忙，我們對此要抱有感恩的心。

對老人有了這份感恩，在跟他們溝通的時候我們態度就會好一些，口氣就會軟一些，老人的感受也會好一些，雙方的衝突自然會變少一些。

與老人的互動，要尊重家庭序位

在家庭系統中，每個人都有自己的序位。前面講過，當一個家庭的序位出錯，這個家就會不順，會產生各式各樣的問題。在家庭成員的互動中，序位同樣不能亂。比如平輩間的互動應該平等友善，長輩對晚輩應該慈愛，晚輩對長輩要尊重。與老人的互動，也要遵守這樣的序位原則。

大家一起生活，肯定有很多方面需要溝通。不僅僅在養育孩子方面，每天的衣食住行都需要溝通。當然，老人確實在某些方面需要改進。我非常理解年輕父母想規勸老人採用科學養育方式的心理，那麼，作為子女，我們應該怎麼做呢？

很簡單，就是站在子女應有的位置上尊重他們，用婉轉的方式，用老人比較聽得進去的方式規勸他們。沒有效果就抓準時機再規勸，這才是符合家庭系統排列原則的做法。

如果父母有錯不去規勸，一味順從，那就是愚孝了。所以孔子說：「小杖則受，大杖則走。」意思是當父母輕輕打你的時候就讓他們打；但是父母脾氣來了，情緒無法控制，用有危險的東西重重打你的時候，你就要趕快逃

跑。否則，父母把你打傷就會被冠上不仁不慈之名，讓父母名譽受辱。

那麼，具體應該怎麼規勸父母呢？《弟子規》裡給了我們比較好的方法：「親有過，諫使更。」父母有過錯，我們要規勸他；「怡吾色，柔吾聲」，勸的時候要和顏悅色；「諫不入」，如果規勸聽不進去，「悅複諫」，那就要接著勸，還不聽，可以「號泣隨」，抱著他痛哭，甚至「撻無怨」。

當我們回到自己的位置上去溝通和規勸時，老人是比較容易接受的。有的人習慣用責怪、苛求甚至謾罵的方式跟老人溝通，這樣就越位了，變成了子女在管教父母。那時候，不僅與父母的溝通會變得不順暢，我們還會不自覺地扛起父母身上的某些責任，這會在我們的情緒或者身體上反映出來。我觀察過成千上萬個家庭，得出一條鐵則：要構建幸福的家庭關係，每個人一定要站好自己的位置。

處理兩代人的矛盾更需要身教

婆媳矛盾是三代同堂的大家庭裡經常遇到的矛盾。這裡面，丈夫的態度是最重要的。如果丈夫對自己的母親不尊重，那妻子可能會跟著學，婆媳矛盾就會激烈一些。

妻子離開自己的家庭，來到一個新的家庭，生活習慣

上的不同會導致衝突和矛盾出現。這時，丈夫必須是一個很好的調和者。我認為最好的調和方式是他要做示範，示範對自己的母親應該怎麼樣、對自己的妻子應該怎麼樣。還有一個很重要的示範是，丈夫對妻子的父母應該怎麼樣。如果丈夫對岳父、岳母很好，妻子就會學到，你這樣對待我父母，我也要學著同樣的態度去對待你的父母，這是一個正向的示範。如果做得好，妻子會更孝順公公、婆婆，丈夫也會更愛妻子，對岳父、岳母更好，這樣就在家裡形成了一個非常好的正向迴圈。

但很多人卻走向負向迴圈，家裡常常鬧矛盾，婆媳吵鬧不休，子女和父母矛盾重重，這其實給了孩子很不好的示範。試想一下，這種環境下教育出的孩子，未來會用什麼樣的態度對待你呢？

我們用什麼樣的態度和自己的父母相處，當父母犯錯時我們如何規勸，這些都會被孩子看在眼裡，記在心裡。父母怎麼做，孩子就會怎麼做。所以，三代同堂的大家庭中很多問題的處理，並不是單純地解決隔代育兒的矛盾，更多地需要我們身體力行教育孩子。從這個角度來說，隔代育兒也有它的積極作用，只要年輕父母為孩子做出正確示範，孩子自然能學到更多有效溝通的方式、解決問題的方法，以及孝順、尊重和愛。

隔代育兒的過程，是全家人在用示範的方式教育孩子的過程，包括我們的父母，更包括我們自己。

面對父母衝突或離異

有一種靜心方式，可以在自己心裡做，也可以引導孩子做，我稱之為「內在排列」。只要我們能專注下來、回歸中心，透過想像或引導，就可以建立起這個深刻的身心體驗。

當我們得到生命這份禮物時，雖然父母的珍貴饋贈讓我們難以回報，但是，如果可以在心中表達對父母的感謝，我們就會感受到自己身處在這個生命之流裡有一種完整與平靜，同時也能回歸到自己的軌道上，明瞭接下來該怎麼做。

此外，這也是我們在內心對親生父母所做的排列，如果父母爭吵、失和或者離婚時，它能幫助我們面對且放下這些不愉快的過去，回到屬於自己的序位，也可以幫助孩子回歸自己的序位。一旦我們的內在開始這個排列時，外在的世界也會隨著內在而改變。

以下的內在排列你可以自己做，也可以播放我所錄製

的音訊給孩子聽。我所錄製的音訊《周鼎文內在排列引導》可以在喜馬拉雅網站下載，或向 TAOS 道石國際系統排列學院購買 CD。

我邀請大家一起回到自己的位置，把自己凝聚起來，回歸中心，想像我們的親生父母就在面前並看著他們。即使你沒見過他們，仍然可以想像有兩個人在你面前，因為事實上他們的確存在。

現在，請看著他們，對他們說：

> 親愛的爸爸
> 親愛的媽媽
> 謝謝你們把生命傳給了我
> 為了讓我得到這個生命
> 我們都付出了代價
> 我從別人那裡得不到這個生命
> 只有你們可以給我這個生命
> 你們給予　我接受
> 你們是大的　我是小的
> 在我心裡
> 你們是我最正確的爸爸和媽媽
> 沒有人可以取代你們

親愛的爸爸媽媽

你們永遠是我的爸爸媽媽

這個關係永遠不會改變

就算你們分開

就算你們之間有任何變化

我尊重你們之間的決定

我尊重你們互動的方式

但是在我身上

你們永遠是結合的

永遠不會分開

因為我的生命

就是你們愛的結合的最佳證明

親愛的爸爸

我愛你　但我也愛媽媽

親愛的媽媽

我愛你　但我也愛爸爸

我尊重你們面對問題的方式

現在我要回到孩子的位置了

回到屬於我的位置

來經歷我的生命

我會用你們給我的生命

全心全意地做一些好事

讓它發光發熱

這便是我報答你們的方式

如果有可能

我也會像你們一樣

把生命傳下去給我的孩子

像你們對待我一樣

如果我沒有自己的孩子

我也會善用這個生命

將你們給我的愛

傳給更多需要的人

　　然後，深深地向你的父母鞠躬，越慢越好，越深越好，最好是可以跪下來給他們磕頭。這不單是對父母至高的尊重與感謝，也是對父母背後那偉大的生命源頭最高的謙卑與敬意。

系統觀讀懂孩子

常見行為問題

離家出走

離家出走的小孩，有一些是因為在家沒有歸屬感，比如父母的關係不好，或者父母經常不在家，他需要從外面找尋歸屬感。還有一部分孩子是為了承擔父母的一些情緒而離家出走，比如父母親中有一方一直有離開家庭的念頭，孩子就用自己的離家出走來留住想出走的父母。

厭學

孩子學習的能量來自父親。所以，當孩子學習不好時，家長需要檢視孩子跟父親的連結。讓孩子多跟父親接觸，更認可父親。

說謊

孩子說謊通常是因為父母關係失衡導致的。當一方強一方弱時，孩子就會尋找弱的一方進行突破，來實現他的目標。如此一來，他對待父母用的就是兩個標準，自然就學會了用不同的說辭來敘述同一件事。

偷竊

偷竊是一種隱藏的不勞而獲的行為。在它背後有兩個常見的原因：

一個是，他想要偷的是愛，但是他得不到這份愛，所以只能透過隱藏的方式，透過不勞而獲的方式，來獲得某種需求的滿足。此外，也可能是為了物質上的滿足。

另一個是，他在家庭裡面得不到歸屬感，或歸屬感沒有得到滿足，所以他內心是饑餓的，必需從別的地方得到歸屬感。這時候如果他加入了某些團體或交了某些朋友，在這些團體或朋友身上得到某種歸屬感的滿足，若這些朋友偷竊的話，他可能就會跟著這些朋友一起有偷竊的行為。在這種情況下，他偷竊並不是要滿足生活上或物質上的需求，更多是心理上的——為了可以跟他的這些朋友或者團體保持一致，得到心中渴望的歸屬感。

沉溺網路

當孩子沉溺於某種事物當中時，通常是為了填補心中的某個空缺，最常見的是缺席的爸爸。另外，家長也可以檢視一下家庭的情況，看看是不是有家庭成員沒有被看到、沒有被承認。比如，墮胎或者夭折的孩子，以及因為

某些特殊原因被家族排除在外的某個人等。這個空缺有些孩子會用線上遊戲來填補，有些則會用毒品或者酒精來填補，還有一些則是變成「購物狂」，這都是爲了填補心靈上的空缺。

攻擊性很強

孩子可能承擔了父母壓抑的憤怒，或家族壓抑的某種情緒。當家族中有一些內部傷害的事件發生時，孩子也會有這樣的行爲衝動。

家有兒女 Q&A

Q：孩子小的時候因為工作忙，我們把他送到老家讓爺爺、奶奶帶。他現在 6 歲了，我們把他接回來上學。可是孩子一點兒也不聽話，跟我也不親。怎麼辦？

A：孩子如果小的時候（比如 8 到 10 歲之前），跟父母有一段長時間的分離，父母就要讓孩子跟自己重新建立起連結。怎麼建立？多跟他進行身體接觸，比如擁抱。有些孩子特別好動，你可以跟他說：「來，我們做一個遊戲，現在我把你抱住，看你多久可以掙脫出來。」然後抱住他。

或者和孩子坐在一起的時候對他說：「孩子，以前沒有機會好好抱你，現在我要抓緊機會好好抱抱你。」然後勾著孩子的手，抱著孩子的肩，或者就是單純地握著他的手，都可以。只要是有身體的接觸，連結就會建立起來。

剛出生的小嬰兒哇哇大哭，但父母一抱他，他就不哭了，這是因為他感受到了身體的接觸。有了身體的接觸，我們身體的生物能量才會開始交流。

Q：我是全職媽媽，丈夫一年有大半時間都在出差，以前
孩子小還好，但現在孩子上中學了，我發現他變得非
常內向，甚至會被同學欺負。是不是因為爸爸沒有陪
在身邊的原因？我應該怎麼做呢？

A：要跟爸爸有更多的連結，對每一個孩子來說都很重
要。孩子不僅要跟媽媽有所連結，還要跟爸爸有所連
結。孩子到了青春期的時候，爸爸的影響就變得更重
要了，尤其是男孩子，因為他要跟爸爸學習怎麼成為
一個男人。所以到了青春期，應該多讓爸爸跟孩子互
動。就算時間不是很長，也要保證在一起時互動的品
質。多讓孩子單獨跟爸爸相處，讓孩子從爸爸身上學
習怎樣成為一個男人。

如果爸爸因為工作或者其他原因沒有辦法陪在孩子身
邊，媽媽就要幫助孩子跟爸爸連結。怎麼做？媽媽可
以常常誇獎孩子像爸爸的地方，好像在孩子成長的這
段過程中，爸爸一直都在身邊一樣。

比如媽媽看見孩子很認真學習的時候，就可以誇獎孩
子，對孩子說：「孩子，你真棒，跟你爸爸一樣，做
事都很認真！」這個時候孩子就會感受到跟爸爸的連
結。透過這種方式，就可以把爸爸帶進來。

又比如，孩子跟同學一起做了有意義的事，可能是學

校的運動比賽，媽媽參加了而爸爸沒能參加。這個時候雖然爸爸人不在身邊，但媽媽也可以把爸爸「帶」到孩子身邊。媽媽可以對孩子說：「孩子，我相信，爸爸如果看到了，他一定會以你爲榮。」或者「爸爸如果看到了，他一定會很高興。」

如果你的孩子很內向，那你就要對孩子說：「孩子，我看到你很棒，你跟你爸爸一樣，都有一些好朋友，都懂得很友善地跟人交際。」每當看到他跟其他的孩子，或者跟身邊的人，在人際交往上有一點點進步的時候，你都可以這樣誇獎他。慢慢地，孩子就會加強跟爸爸的連結，而且能鼓勵他學習爸爸的優點。

這就好像在他的心裡面種下了一顆種子，他會朝爸爸的優勢方向成長。一段時間之後，你會發現，這個孩子的內在變得越來越有力量，因爲他跟爸爸、媽媽都有了連結。這就像一個人，兩支腳健全了，自然就有力量站在大地上。

另外，除了上述與父親連結的方法之外，也可以讓孩子多和叔叔、伯伯、舅舅等家中的男性長輩連結；或是讓孩子多跟男性老師接觸，這樣也有助於孩子的成長。

Q：我家老大 5 歲，老二 3 歲。從老二出生後，老大就不太正常，經常會模仿老二的一些行為。最近更是變本加厲，話也不能好好說了，還咬衣角，這個動作連3歲的老二都不做了。

A：孩子都會想要得到父母的關注。當老二出生之後，父母可能會把更多的注意力放在老二身上。老大會誤以為老二是因為做了那些動作，才引起爸爸、媽媽的關注，這個時候，他當然就會模仿老二，這只是為了能獲得父母的關注。

父母知道老大心中被愛、被關注的需求後，就要引導孩子回歸到他的序位。一個家裡長幼序位的力量，是更大的力量。所以，要讓孩子回歸他們的序位。

實際的做法是，當你看到老大做一些照顧老二的行為時，就特別地鼓勵他，讓他明白，當他回歸到他是哥哥（姐姐）的序位時，爸爸媽媽會給他更多的關注。

這樣他就會知道：原來他當哥哥（姐姐）照顧弟弟（妹妹）的時候，反而會得到更多的關注，因此他就會學到，原來他的序位是老大，久而久之，自然就會改掉那些模仿老二的行為。

Q：我妻子工作很出色，所以家裡一般都是她說了算，基本上屬於她說什麼是什麼的狀態。現在出現一個問題是，孩子變得陽奉陰違，對我跟對他媽完全兩個態度，這太讓人生氣了。

A：孩子之所以會變成有兩個標準或兩種態度，關鍵還是在父母本身。父母有時候會有性格上的強弱之分，或者能力上的強弱之別，或是為這個家承擔責任的強弱，這個是很常見的。但是重點在於，一對父母他們彼此是否能夠成為一體，丈夫是否尊重妻子，妻子是否尊重丈夫。

如果丈夫不尊重妻子，或妻子不尊重丈夫，那這個孩子肯定就會用不同的標準來對待父母。所以在這種情況下，孩子對父母有不同的互動方式，也是很正常的。但如果對待父母的態度差異太大，的確會給孩子造成一些問題。

所以，重點還是你們夫妻兩個人之間的關係，要成為一體，也就是丈夫要尊重妻子，妻子要尊重丈夫。在孩子面前，要讓孩子知道，父母是一體的，兩個人說的都算。你們要讓孩子知道，即使他面對的是一個人（父親或母親），其實也是在面對父母雙方。

當孩子看到你們是一體的，他自然就會用一致的標準

去執行和遵守與父母兩個人共同達成的協議，因為這個時候你們是站在一起的。那他也就能夠變成一個「一致」的孩子。

所以解決這個問題的根本辦法，還是丈夫跟妻子要彼此尊重，尤其在對孩子的管教部分，要彼此協調。同時要注意，雖然雙方彼此有分工，但在生活上要平衡。這樣的平衡，會讓丈夫或者妻子在這個家的位置站得更穩。當某一方比另一方付出多很多時，它就會失衡。或者某一方的需求被壓抑時，它也會失衡。而這些情況都是會影響到孩子的。想要孩子好，不管父親還是母親都要跟家族，跟自己父母的力量連結，找回身為父親或母親的力量。

同時，作為父親要把力量展現出來，有時候你要扮黑臉，這也許會比較嚴肅，但這是為人父的責任，要有擔當，因為你是父親。孩子青春期需要男人的力量，當父親的力量沒有出現時，孩子就會去其他地方尋找，一般會從其他團體裡找尋「父親」的力量，也有可能從朋友甚至是一些不適宜的人物角色身上找尋。所以，家長要注意。

Q：我跟我丈夫是重組家庭，他和我都帶了跟前任的孩子，就是像中國大陸電視劇《家有兒女》那樣的家庭。但我們家可不像電視裡演得那麼和睦，我們現在為了孩子每天吵架，生活變得亂七八糟，我都想離婚了。我的家庭還有挽救的可能嗎？

A：首先重組家庭最關鍵的一點在於，繼父、繼母千萬不要想取代孩子的親生父母。因為一旦你（妳）想要取代孩子親生父母的心態出現，孩子會有一種本能反應——如果他接受你（妳）對他的好，他就會覺得他在背叛他的親生父親或母親。所以，如果想要在重組的家庭跟孩子們有好的互動，最重要的就是常常在孩子面前提及他的親生父母，並且是用尊重的方式、感謝的方式。這個時候，孩子會感受到你（妳）對他生命源頭的尊重，孩子的內在就會很穩定，他跟你（妳）的關係也會有所改變。

其次，重組家庭千萬不要讓孩子稱呼後來的妻子或丈夫為媽媽或爸爸。因為每個人的爸爸或媽媽只有一個，就是親生的爸爸或媽媽。現任的妻子或丈夫，孩子們叫叔叔或阿姨就可以了，這是對孩子親生父母的一份尊重。讓孩子改口稱呼繼父母為爸爸媽媽這樣的事情，通常會發生在孩子比較小的時候。

再次，要讓孩子很清楚地知道，我（繼父或繼母）是因為跟你的母親（或父親）相愛而組成這個家，但是我不能取代你的親生父親或者親生母親，我只是幫他（她）照顧你，如果你要找你的親生父母我會很高興。如此一來，孩子就會知道他跟親生父母的連結沒有被中斷，他也不會覺得，接受你（妳）的照顧是一種背叛。因為你（妳）只是他的叔叔或阿姨，只是母親或父親新的愛人。

同時，要讓孩子保有一個跟他親生父母連結的方式，這一點也很重要。可以是每隔一段時間的見面，也可以是特意保留一些他親生父母的物品。這些都是為了讓他在新的家庭裡面，跟他的親生父母也有一份歸屬感的連結。有的孩子，可能有一些習慣是跟他親生父母在過去的生活當中共同擁有的。當這個習慣不會對現在的家庭造成太大影響的時候，不妨讓孩子仍然保持它，這也是讓他跟親生父母連結的一種方式。有了這些連結，孩子在新的家庭裡才會覺得很安穩。

最後一點，在新的家庭裡面，你（妳）要鼓勵另一半用心去愛他（她）之前的孩子。當你（妳）的另一半在愛他（她）的孩子的時候，你（妳）要特別表達出一份讚賞，這樣你（妳）的另一半也會感覺自在，因

爲他（她）對他（她）孩子好的時候，你（妳）是高興的，他（她）就會認爲，這個家裡是自在和諧沒有衝突的。

如果他（她）對他（她）自己孩子好的時候，你（妳）的感覺是不好的，甚至把他（她）對自己的孩子與他（她）對你的孩子，或者你們一起生的孩子做比較，你（妳）的另一半就會感覺非常不自在。而讚賞他（她）對自己孩子的好，可以讓另一半感覺到，這個家真的是一個家。他（她）會更加愛你（妳）和你（妳）的孩子，以及你們共同的孩子。

離婚不是關係問題的根本解決之道，因爲離婚之後，你（妳）還是會帶著你（妳）的孩子走進新的婚姻。到時候你（妳）會面臨相同的問題。愛的方式，應該讓每一個人各歸其位，包括前夫前妻——孩子的親生父母。當每一個人都各歸其位，並尊重這個序位，這個家就能夠朝向好的方向發展。我建議你（妳）做一個家族系統排列，來說明每個人各歸其位。

Q：丈夫與前妻的孩子跟我們一起生活。現在孩子越來越大，跟我的關係越來越緊張，我該怎麼辦？

A：你丈夫先離婚然後跟妳結婚，而他跟前妻的孩子與妳

一起生活，這種情況下，孩子是很痛苦的。因為他會承擔他母親對妳的恨、對妳的憤怒。當初你們能結婚，是因為他的母親跟父親離了婚，所以妳的婚姻是建立在他們離婚的基礎上。特別是因為外遇而建立的婚姻，這時候孩子恨父母是正常的，因為是繼父母讓他的父親和母親分開。這件事情的解決之道就是面對事實。

如果妳丈夫的前妻因為離婚而產生的恨還沒消解，那作為大人的妳，就要去向他前妻道歉，包括妳的丈夫也要跟他的前妻道歉，以求和解。只要前任還帶著憤怒，不只他們的孩子會承接對妳的憤怒，甚至你們自己的孩子——如果你們有自己的孩子的話，也可能因此付出代價，因為他們的出生，是基於前任伴侶的離開，是基於前任伴侶的損失。所以解決之道，就是大人負起大人的責任，面對事實，該道歉的必須誠心道歉，該和解的必須盡力和解。

同時，妳要保證孩子跟他的親生母親隨時都可以碰面。最好能多提他跟他親生母親像的地方及他親生母親好的地方。當孩子的親生母親與你們和解並且被承認、被肯定的時候，孩子也可以更自由，可以明白父母的分開不關別人的事，才可以更自由地回到自己的

位置上。

在你們和解之後，孩子的親生母親爲了孩子好，甚至會鼓勵孩子尊重新家庭當中的每個人——他的父親還有父親的愛人。這樣子，每個人都能各歸其位，過去的事實也可以在一個更高的層面上重新和解。

Q：孩子上幼稚園的時候，他媽媽出國了，沒多久就跟我離婚了。我工作也忙，以前是他姑姑照顧他，孩子上初中後我就自己帶了。但最近老師反映孩子老跟社會上的小混混們在一起，這真是讓我頭疼到不行。

A：因爲爸爸老不回家，孩子自然也不想回家，試想一個沒有父母在的家還是家嗎？這時候，孩子就會自己創造一個「家」，所以他的朋友就變得很重要，他需要朋友。那麼家長要做的就是支持他去交好的朋友，但對他原來的朋友，我們也不要去否定。我們只需要讓孩子有更多一些的朋友、更多一點的選擇。

同時，努力讓孩子跟他的媽媽連結。青春期之前，孩子大都跟媽媽關係較親密，但是這個孩子從幼稚園開始媽媽就不在身邊了，這個時候如果他能看到媽媽，那麼對那些朋友的需求就會降低；反之沒有媽媽，他就需要朋友陪伴。這些朋友是暫時給他溫暖和歸屬的

物件，他真正需要的是媽媽的愛和關懷。如果一段時間之後他想通了，不再跟他們在一起，那很好；如果沒有想通，越來越喜歡，甚至做一些傷害自己或別人的事，那就很糟糕了。

所以，這位家長要做的：一是試著讓孩子多跟媽媽聯絡，二是讓孩子多交一些好學上進的朋友。

Q：我兒子 8 歲的時候，我跟他爸爸離婚了。他爸爸有了新的家庭，而我則一直一個人帶他，他爸很少管他。他以前很聽話的，但進入青春期後就變了，特別令我煩惱，我一說話他就說我「嘮叨」。我說什麼他都不聽，還學會了抽菸、喝酒。

A：孩子進入青春期就說明他要長大成人了，他得開始學會負責，要像個大人。所以這時候他需要學習怎樣成為一個男人，他需要爸爸的力量。當然，媽媽的愛也很重要，但現在的他需要爸爸的力量更多一些。

妳和妳的前夫做不成夫妻，但還有一個關係連在一起，那就是與孩子的親子關係。因為孩子，你們要做好一對父母。爸爸媽媽得為共同的孩子討論，討論「我們的孩子怎麼樣了」。所以，應該和孩子的爸爸一起討論孩子的教育、讓孩子多和爸爸在一起。而且

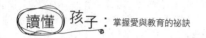

我會建議妳進入家族系統排列課程好好學習，讓自己
去成長、改變，才能更有力量面對這一切。

1.稱讚孩子像對方的優點

家長要知道，每個孩子心中都需要與爸爸媽媽有一份歸屬的連結。當我們希望孩子不要跟隨爸爸或媽媽的某一些負面狀況時，請不要一直否認爸爸或媽媽，這會造成反效果，把孩子直接推向重複對方負面行為的道路上，我在地方法院就見過很多這樣的非法少年的例子。

當然，我們不需要去認同對方的這些負面行為，我們需要認同的是他們的身份。如果你跟孩子說「你爸爸是不負責的爸爸」，那孩子就會透過這個資訊去連結他的父親，最終成為一個不負責任的人。所以，我們要多找一些爸爸、媽媽的正面優點、好的行為。唯有如此，孩子才會跟爸爸、媽媽有好的連結，孩子才能朝好的方向前進。

請寫下孩子像丈夫或妻子的三個優點。不要說對方沒有任何優點，否則你們不可能成為夫妻。

1. _____

2. _____

3. _____

套入下面的句式，練習一下：

「（孩子的名字），你好棒，你跟爸爸／媽媽一樣（優點）！」

　　比如說，孩子爸爸的優點是：認眞工作還有待人體貼。妳就要對孩子說：

　　「（孩子的名字），你好棒，你跟爸爸一樣做事很認眞哦！」

　　「（孩子的名字），你好棒，你跟爸爸一樣對待人很體貼哦！」

　　在日常生活中，當孩子表現出上述優點時，運用上述句式好好誇獎孩子。我確信，當這樣持續一段時間後，孩子必將會朝我們誇獎的方向發展！

練習 2.如何幫孩子修正行為

步驟 1：讓孩子說出他的感受。

步驟 2：說說你自己的想法。

步驟 3：和孩子一起想辦法，集思廣益，把所有的方法寫下來，但不作任何評價。

步驟 4：重新看一下你們所寫的內容中，哪些意見是你們都同意的，並一起商討如何付諸行動。

下面的漫畫展示了一個修正孩子行為的完整過程。

幫孩子修正行為 1

兒子，媽媽知道這是你的房間，但這屋子也太亂了吧！

怎麼了？
我沒覺得亂啊。

1

沒有啊，我覺得這樣很好。而且，我的房間雖然亂，但我都知道什麼東西放在什麼位置。再說了，除了這個櫃子，我也沒別的地方可以放了。

待在這麼亂的房間裡，你不會覺得很不舒服嗎？

2

3

你說得沒錯，你可能需要多的空間來放你的東西。而我呢，也希望能看到你的房間更乾淨整齊一些。

4

那你就別看嘛，以後別來我房間不就行了。

我真的不想再看到家裡有這麼亂的地方了。

幫孩子修正行為 2

CHAPTER 4

孩子的情緒
在說什麼

「我跟隨你……我為你分擔。」

「我們家族有著未被療癒的創傷。」

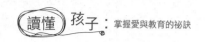

孩子情緒問題裡有多少承擔

近幾年我遇到越來越多有情緒問題的孩子，而且越來越低齡化。調查資料顯示，學齡前兒童以焦慮、恐懼、抑鬱爲主要情緒問題的發生率已經達到了17.66%，而青春期的孩子，這個數字更高。

爲什麼孩子有這麼多的情緒問題？很多人給過答案：學習壓力大、父母管教嚴格……但更多時候，孩子的情緒出問題跟對家庭的愛有關。當然，承認真正的答案需要巨大的勇氣，就像《國王的新衣》中，那個勇敢地說出國王沒有穿衣服的孩子。

四種情緒

情緒有幾種類別：本能情緒、替代情緒、承接的情緒及超越的情緒。

本能情緒又叫原始情緒，是一種直接的情緒表達，高興的時候笑，難過的時候哭，生氣時憤怒表達，事情一過情緒立刻消失。嬰兒期的小孩的情緒表達就是這樣的，最直接。

替代情緒指的是一種派生的情緒。比如我們常說的惱羞成怒便是這一類，原本的情緒是害羞，但用生氣來替

代。又比如家人過世都會有悲傷或無力感，但有的人會用憤怒或者疏離來替代。替代情緒主要是在逃避或掩蓋原始情緒的表達，所以它的特徵是誇大，甚至有人會閉上眼睛歇斯底里地發洩，為的是引人注意並且逃避面對原始情緒。有的孩子會有這種情況，這時候家長不要深陷其中，被孩子的情緒控制，而是要把孩子從這種情緒裡引導出來。

承接的情緒是心理學上的大發現，它是一種比較難覺察到卻會帶給我們很大影響的情緒，尤其是孩子莫名的情緒，很多都是承接而來的。在系統排列中常見的承接情緒有三種，第一種是孩子承接爸爸媽媽的情緒。比如爸爸或者媽媽壓抑心中的憤怒，孩子也會感受到並承接它；如果爸爸或媽媽想要離開家，孩子心中也會產生想要離開家的感覺；如果爸爸或媽媽在潛意識中有想以死的方式離開的念頭，孩子承接的情緒就會變成「爸爸／媽媽，我會跟著你一起死」，甚至是「爸爸／媽媽，我會替你去死」。有的人年輕時為了生活背井離鄉，但心中充滿了對故土的懷念，缺乏歸屬感，他們的後代子孫也會莫名地對歸屬感有非常強烈的渴望。

第二種是承接某些親人的情緒。有些親人，我們甚至素未謀面，但依然能感受到他們的情緒，並承接他們的情

緒。比如我們會承接被墮胎的或早夭的兄弟姐妹的孤獨感，或承接被家族排除在外的成員的情緒。

第三種是承接家族系統裡沒有表達的情緒。當一個家族經歷了某些重大事件，這種巨大的衝擊會對家族成員造成巨大的不安，如果發生事件的那一代沒有和解，這些情緒就會被後代承接。例如家族中有人自殺或被殺，家族成員沒有消化驚恐、悲傷等情緒，若孩子承接這些情緒便會在生活中產生莫名的驚恐、悲傷或憤怒。我在系統排列中經常碰到這種情況，某個家族好幾代人都有情緒問題，或者好幾代人都有意外死亡的事情發生，或者好幾代人都出現離婚或手足間失和的事。如果是這種情況，通常就是整個家族的人共同承接了類似的集體情緒。

有時候，這種情緒不僅從家族裡來，還會擴大到社會國家的系統脈絡裡。在我的工作坊，我經常會看到一個人如何承接家族，甚至國家、民族歷史事件所造成的情緒，而最常見到的情緒就是悲傷、憤怒與恐懼。

承接的情緒是在集體潛意識的層面，當它發生時，往往連當事人都覺得莫名其妙，身邊的人更是感覺詫異，為什麼他會有這些反應？系統排列能讓我們更清楚地看見它，瞭解與面對它，學會放下與轉化。

超越的情緒是助人工作者們需要擁有的，是所有需要

專注、冷靜地處理事情的人需要擁有的。它是超然的，超越所有情緒之上，因此也可以說是一種沒有情緒的情緒。這不是抽離，處於這種情緒當中我們仍然會感受到原始情緒的本能。它是讓我們只專注於當下，回歸於系統裡自己的位置，以一種深層的、沉靜的、覺醒的態度，觀照所有事情的發生，並採取行動來支援需要幫忙的人，支持那些受困於替代情緒、承接情緒的人。這是一種沒有同情的愛，甚至看起來是一種冷酷的超越之愛，從這樣的愛中生出的行動更強勁有力。所有從事助人工作的人，都需要擁有這種超越的情緒。

孩子的情緒在說「我跟隨你……我為你分擔」

如果家長留心就會發現，每當家中發生大衝突的時候，孩子也會出一些狀況，比如生病，在學校裡跟老師、同學發生衝突，或者情緒不好、特別消沉。而在家庭氣氛融洽的那段時間，孩子的身體、學習情況都會比較良好。可見，孩子對環境是非常敏感的。這是因為孩子的情緒是從系統內部承接過來的，是對父母情緒的承接，而且是最直接最強烈的。所以，父母越放鬆，孩子越開朗。反之，家中氛圍沉悶，比如父母在冷戰，孩子也一樣會變得心事重重。

　　有一個案例，一個 19 歲的男孩一直不接受自己的體型和外貌，覺得自己太胖（62.5kg），而且不夠高（172cm），所以天天節食減肥，他的父母為此憂心忡忡。通常一般的孩子不接受自己，可能是因為父母離婚。他會認為是自己不夠完美，不夠可愛，做得不夠好，所以爸爸媽媽才會分開，會無意識地背負起爸爸媽媽離婚的責任。但是這個孩子的父母很恩愛，那麼只有一種可能，就是這個孩子承接了父母雙方或其中某一方的情緒。我詢問爸爸媽媽後發現，媽媽從小是被領養的，她被親生父母遺棄了。被遺棄的孩子會有一種想法：「會不會我太醜了？會不會我太傻了？是不是我太胖了？是不是我做得不夠好？你們才不要我，你們才把我送走。」這個孩子正是承擔了媽媽對自己的不認可，所以才會覺得自己不夠高，才會覺得 62.5kg 的自己太胖。只有當媽媽在內心跟自己的親生父母和解，孩子才會好轉。後來，在我的引導之下，媽媽紅著眼圈對自己的媽媽說出「我愛你，媽媽，你給了我最珍貴的生命，我不再怨你了，你是我最正確的媽媽」時，孩子明顯挺直了自己的胸膛，更重要的是他開始接受自己，也願意學習了。

　　除了分擔，有時候孩子還會用「跟隨」的方式來表達對爸爸媽媽、對這個家的愛和忠誠。

　　有一個叫玲的女孩，年紀很大了，但完全沒辦法跟異性發展好的親密關係。爸爸得了糖尿病，可是他還是一天三頓酒，玲和姐姐雖然非常擔心，但怎麼勸、怎麼求都沒用。姐姐也離婚了，她覺得生活特別無趣。但是透過系統排列，我們看到的真相是，爸爸一直在朝向早逝的爺爺的方向，朝向死亡的方向走──爸爸在慢性自殺，所以有慢性病還不斷喝酒。玲不能有男朋友，姐姐也離婚了，因為爸爸在走向死亡，作為女兒怎麼還可以有自己的婚姻與幸福？可見，她和姐姐都是在用自己的不幸來阻止爸爸走向死亡。

　　孩子對家族、對父母、對親人有一種盲目的忠誠，而且無論年齡多大，就像玲的父親，雖然兩個女兒都已經成年，但他依然想跟隨自己死去的父親。孩子們天真地以為，只要讓自己的命運跟父母的相同，就可以維繫與父母間的連結，於是盲目地犧牲自己的健康、幸福，甚至生命，以此來表達對父母的忠誠。這樣的愛顯然是盲目的、

不成熟的。

孩子的莫名情緒在說「我們的家族有著未被療癒的創傷」

在經歷、目睹或遭遇一些災難或者意外後，比如美國911事件、台灣的921大地震等，有的人在事件結束後的一段時間內就恢復了，但有的人，事情過去很久了，還是感覺驚慌、害怕，甚至會因此影響到自己的日常生活。心理學稱這類症狀為「創傷後壓力症候群」（PTSD）。

家族創傷同樣會帶來創傷後的壓力。家族中如果經歷了某些創傷，比如親人突然離別、家人發生意外，或某人因為疾病突然死亡。這種事件對整個家族來說是一種驚嚇。因為太過突然，令人不知所措，所以無法面對。這個時候，家族的生命力會因此部分凍結，對發生意外的這個人的愛也會被暫時凍結。當我們把一部分的生命力停留在某件事情上，我們就無法用全部的生命力活在當下。這時候，我們就會無意識地產生莫名的情緒，或者發生意外、疾病，甚至無意識地走向死亡。

如果親身經歷這種事件的這一代成員沒有正確面對這件事，這種壓抑的情緒就會轉變為家族裡隱藏的內在能量，對後代成員產生持續的影響，甚至影響到第三代、第

四代，尤其是孩子。

　　有一位女士說她女兒才十來歲就失眠。我們一起探討這背後的深層系統動力，發現這位女士的父親曾經在晚上突然被抓走，關了許多年。之後，整個家都陷入極度的恐慌，尤其到了晚上更需要保持一份警覺，害怕這種事再度發生。由於這種巨大的恐慌情緒困在家族裡未曾疏解，所以直到下一代還是被家族成員分擔著。現場，我們讓這位女士重新面對這個家族創傷，深深地表達著家族中未盡的恐慌情緒。隔天，她告訴我，她女兒當晚能放鬆睡覺了。

　　每個人都與自己的家族系統緊密相連，並都在系統中擁有屬於自己的序位。越早進入系統的人，層級越高，力量越強大，對系統的依賴越小；越晚進入系統的人，比如孩子，層級越低，力量越弱小，得到的照顧越多，對系統的依賴也越大。一旦家族創傷發生，往往家族中的孩子會心甘情願地為父母和長輩們奉獻自己。他們會毫不遲疑地用自己的健康、幸福，甚至生命來修補前人留下的未盡之事，這其中就包括沒有被疏解的情緒。因此，他們雖然沒有直接經歷當時的事件，但他們會產生與創傷者相同的情

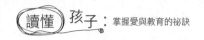

緒或行為。

　　曾經有一個媽媽帶著她患有憂鬱症的女兒來到我的工作坊。我們一起探索這個家深層的集體情緒，讓我看到了這個家族當中沒有表達的悲傷是如何一代代傳遞到女兒身上的。在排列現場，我看到，媽媽很小就失去了自己的父親，結婚後生下女兒不久又失去了丈夫，於是女兒承接了兩代人的悲傷，怎麼可能不憂鬱呢？

　　家族裡深層的情緒問題，如果上一代未能解決，下一代就會承接下來。如果下一代的成員同樣沒有正向面對，這種情緒就會代代相傳，來到孫子輩的孩子身上。

愛需要成熟，也需要勇氣

　　面對家族中的創傷，面對家族中沒有表達的情緒，我們要用愛來療癒。但愛需要成熟，也需要勇氣。

　　有一個女孩，她到處流浪，在英國待幾年、在紐西蘭待幾年，但是無論去到哪裡，她都沒有辦法下定決心定居。後來我們才知道，她的這種漂泊感來自她

的媽媽。她媽媽很小的時候母親就去世了，父親再婚後又很快離婚。所以，她媽媽從小就在各個親戚家裡流轉著長大，心中一直帶著離家漂泊的悲傷。這個女孩承接了媽媽的悲傷，所以流浪到世界各地尋找歸屬感。

潛意識中，如果父母不幸福而孩子幸福，孩子會感覺對不起父母，生怕自己和父母不一樣、斷掉跟父母的連結。但事實上，孩子與父母的連結是從出生那一刻起就自然擁有的關係，是無論做什麼都無法改變的事實，即使口頭上說斷絕父母子女的關係，也無法改變這個連結的事實。當孩子明白這一點，他就會努力過自己的人生，用成熟的愛來報答父母。比如這個到處流浪的女孩，她想要結束這種宿命般的流浪，就需要有勇氣來承擔自己比媽媽更幸福而產生的罪惡感。

作為家長，一方面我們要保持覺知，勇敢地承擔起自己的人生比父母的人生更幸福的罪惡感，同時也要注意時時引導孩子，讓他們有勇氣比我們更幸福。我們要讓孩子明白，他有一個責任，那就是，不管家裡發生什麼樣的事情，他都要把自己的人生過好。

愛，需要尊重。孩子要尊重父母本來的樣子，不能要

求父母成為他希望成為的那個樣子。否則，孩子就會比父母「大」，序位就錯亂了。同時，孩子也要學會尊重父母的命運，尊重家族長輩們的命運，不要去做評判或拯救。如此，我們才能讓隱藏的、盲目的愛，轉變成為有覺知的、光明的愛。

與孩子一起走出親人過世的悲傷

談起正值青春期的叛逆女兒秀秀，母親阿麗忍不住哽咽了起來。

「去年的時候都還蠻好的。但是，今年就很不好了，是我自己有問題吧？長期照顧這個孩子真的好累，她現在好叛逆，都不聽我的話，情緒爆發的時候好可怕。也許⋯⋯我更年期到了，情緒也變得很不穩定。我們每天硬碰硬的結果，不是她哭，就是我哭。」看著母親阿麗以自責應對女兒的叛逆，我知道，內在的矛盾衝突開始顯現。

我問：「她爸爸呢？」

「他過世 9 年了。長期以來都是我在照顧她。」

「秀秀呢，想念爸爸嗎？」秀秀點點頭，我又問：「妳能瞭解媽媽的感受嗎？」

秀秀再次點頭，說：「瞭解。」

「她情緒很不穩定，也不知道是因為我，還是……」阿麗又開始自責了起來。

我感到阿麗的情緒很奇怪，便問她：「在你生命中，碰到的第一個過世的人是誰？仔細想想，也許是小時候的。」

阿麗靜靜地想了想，說：「我爺爺吧，他在我爸爸 3 歲的時候就過世了。」

「怎麼離開的？」

「我不知道，自然過世的吧。」阿麗不確定地說。

「你爸爸那時才 3 歲，自然過世的可能性不大，有沒有可能是發生意外？」我再次確認。

阿麗搖了搖頭：「沒聽說過……也許就是生病吧！」

「那你丈夫怎麼過世的？」

阿麗說：「肝癌。」

阿麗排好丈夫、女兒秀秀、兒子、爸爸與爺爺的位置後，秀秀便開始跟哥哥玩了起來。笑聲中，先是丈夫躺了下來，後來爺爺也躺了下來。

「所以，這個家有個特別的情況，沒有人知道爺

爺怎麼過世的。他也是突然離開，所以你的爸爸一直沒有面對你爺爺的離開。而當他不願面對的時候，誰會來面對？是他的女兒妳。妳看，爸爸雙拳緊握，那裡有一種壓抑，也許是悲傷。所以對妳來說，現在是一加一的悲傷，除了要面對丈夫過世的悲傷之外，還要幫妳爸爸承擔爺爺過世的悲傷。」我對著阿麗說。

阿麗低下頭，深呼吸著，強忍著情緒。

場中，秀秀追著哥哥跑，他們的嬉笑聲與這悲傷的場域形成強烈對比。

「妳要面對，不然孩子也無法面對。這份悲傷被嬉笑壓抑，被憤怒替代，她的叛逆是因為她想幫你承擔。」

就在我說完這句話後，嬉鬧著的秀秀停了下來，在媽媽身邊坐了下來，也許是因為女兒的陪伴，阿麗終於流淚了。

我引導阿麗對她爸爸說：「爸爸，你 3 歲時就沒了爸爸，我知道這對你來說很難面對。謝謝你活下來把我們帶大，沒有在我 3 歲的時候離開我們。我知道你心裡面有很多悲傷，我想要幫助你，但我只是你的女兒，我沒有辦法幫你承受你的悲傷，我也有自己的悲傷。爸爸，我愛你，我會為爺爺做一些好事的。」

在現場，阿麗爸爸的代表依舊緊閉著雙眼不願面對，阿麗很努力地想要去面對，她走到了爺爺的身邊，代替了爸爸去面對爺爺的過世。而秀秀呢，她坐到自己爸爸身邊，替代了媽媽去面對爸爸的過世——這又錯位了，所有人都沒有在自己的位置上。

「我再問一件事，奶奶呢？」

「奶奶後來就改嫁了，爸爸當時 3 歲，好像什麼都不知道……其實，我也什麼都不知道。」阿麗的思緒似乎開始有些紊亂。

「我們加入奶奶吧！」

就在奶奶坐到爺爺身邊時，阿麗哭了，奶奶也開始啜泣起來。

阿麗轉身面向奶奶，說：「親愛的奶奶，妳的丈夫過世了，妳自己要帶孩子長大，很辛苦，而我也跟妳一樣……」

說到這，阿麗哽咽起來，她長長地吐了一口氣後，接著說：「我的丈夫也過世了，我自己帶孩子長大。我知道，妳心裡面的很多悲傷……奶奶，我知道妳當時過得很辛苦，我會陪著爸爸為妳和爺爺做一些好事。」

說完，阿麗牽著爸爸的手，向爺爺、奶奶跪下磕

頭。

奶奶也開始面對爺爺的過世了。

我說：「奶奶已經可以面對了，代表妳也能面對妳丈夫的過世了，來，妳來好好面對妳丈夫吧。」

阿麗點頭，慢慢走到丈夫身邊，但是女兒秀秀卻占住了她的位置。我引導阿麗對她女兒說：「秀秀，謝謝妳，媽自己來面對，妳去跟哥哥玩吧。」

秀秀搖頭，抓著爸爸的手，不願移動，阿麗只好自己走到丈夫面前。

我引導阿麗對女兒說：「妳爸爸過世了！」

「妳爸爸過世了！」阿麗邊說邊哭泣著。

「妳爸爸過世了！」阿麗的聲音一聲比一聲悲涼。

「妳爸爸過世了！」阿麗哭著叫了起來。

秀秀搖頭，抓著爸爸的手，突然放聲大哭：「他的手好冰，他的手好冰……」

阿麗則紅著眼眶說：「老公，你過世了，現在，我願意面對了。」

在她慢慢地說出這句話之後，女兒的哭喊慢慢地停了下來。

「老公，我們的兩個孩子都長大了，你可以好好安息了。不用擔心，我會讓自己快樂地活下去。」

　　阿麗説完，深深地吐了一口氣，終於抱著丈夫再次放聲大哭。聽到哭聲，秀秀終於能夠把位置還給媽媽，回到做女兒的位置，跪到媽媽身邊陪伴。

　　在阿麗面對悲傷並且釋放之後，她丈夫的眼睛終於慢慢地閉上了。

解説：死亡是服務於生命的

　　生老病死是生命裡最自然不過的事實，死亡教我們的最重要功課是如何面對生命裡這樣的事實。如果一個人沒有辦法接受悲傷的、痛苦的、無常死亡等負面事件，同時，他也就拒絕了生命的另一面，快樂的、喜悦的豐盛。因爲悲傷的、痛苦的與喜悦的、豐盛的都是生命的一部分。

　　死亡不是生命的反面，死亡就是生命的一部分。所以英國文學家莎士比亞説：「死亡是服務於生命的。」一旦我們排斥死亡，我們也就無法全然接受生命本身。當一個人能好好面對死亡，那麼他就會擁有穩定的、平靜的力量，他的内在會是包容的、完整的。當一個人接受生命帶給他的一切經驗，他的生命才會眞正豐盛，他也就擁有了從容面對一切的力量。

一旦我們瞭解了這一點，我們就不會抓著悲傷不放。當一個人面對死亡的悲傷時，通常第一年會有強烈的悲傷情緒，第二年，情緒的強度會減弱，第三年會進一步緩和。這是一個健康的過程。《弟子規》曰：「喪三年，常悲咽；居處變，酒肉絕；喪盡禮，祭盡誠。」父母去世的頭三年經常地悲傷哭泣，自己的生活起居也發生改變，戒絕酒肉，以一些祭拜的禮儀來寄託哀思。

有的人害怕表達這種悲傷，把這種悲傷變成長期的、隱藏的、淺層的悲傷，這就好像是一直飄著毛毛雨的陰天，他把自己的悲傷時間拉長了，這是不健康的。

我們讓自己的悲傷流動起來的時候，也帶領孩子讓悲傷流動起來。我們不用特意在孩子面前壓抑自己的悲傷，甚至可以抱著孩子一起哭。有些人怕孩子看到自己難過，就忍著。其實，只有大人自然地表達自己的情緒時，孩子才會被允許表達，否則孩子也會壓抑情緒，這樣容易發生情緒問題。一方面，他去承接大人壓抑的情緒，另一方面，他壓抑自己未被表達的情緒。

所以，有時候我們看到這樣的孩子跟同學有小衝突，突然就爆發很強烈的情緒。其他的人很驚訝：這件事情很小啊，怎麼發這麼大脾氣。其實那孩子的底層已經累積了很多的情緒，他的內在有一個炸藥庫，那個小衝突只是一

根點燃炸藥的火柴，尤其是青春期的孩子更明顯。因此，我們要讓自己深層的原始情緒流動，以避免孩子為我們承擔，並透過我們的帶領與示範，使孩子壓抑的情緒有機會表達。

墮胎，痛的絕非只有母親

墮胎對伴侶間的關係影響很大，這是很多人都有的切身體會。沒有結婚的情侶，墮胎後 90% 以上會分手；已經結婚的夫妻，墮胎後往往引發離婚、婚外情，或者莫名手吵、關係疏遠。其實，墮胎不僅影響雙方的關係，對兩人之後的孩子影響也特別大。這一點是我在我的工作坊中頻繁遇到的。

下面是最近在北京工作坊中遇到的案例。

這對夫妻的煩惱是孩子。他們的孩子覺得生活了無生趣，活著沒什麼意思，什麼事情也不想幹，學也不想上。丈夫身材魁梧，一臉方正，是監獄的典獄長，妻子外形跟丈夫很互補，嬌小明媚。孩子沒有來，因為「沒什麼意思」。

從他倆的互動中，看得出妻子是一個很有控制欲

的人。

我對丈夫說：「你應該感謝妻子，妻子很想照顧你們。」

丈夫一聽到「感謝」兩個字，情緒就來了：「我知道她為這個家付出了很多，但每次感謝的心剛生出來，她一盆冷水就澆下來了。我們結婚這麼多年，在她眼裡，我就沒有對過。我不懂得孝順父母、不懂得疼愛她、不懂得教育孩子。在她看來，我就沒有做過對的事……我覺得我兒子幹了我不敢幹的事、說了我不敢說的話，是在為我打抱不平。連我兒子都說『這不是家』。」

看得出，在這個家裡，他們夫妻關係是失衡的。妻子衝得太猛，丈夫退後太多，所以兒子承接了他們的情緒。我對妻子說：「他們是男人，男人不喜歡被這樣控制。妳丈夫做的決定可能跟妳不一樣，但妳要支持他。」

丈夫的問題也很明顯，於是我又對他說：「為什麼你的妻子會這麼衝，因為你往後退了。如果遇到事情，都是你的妻子站出來，那你幹什麼呢？即使你跟妻子有爭論，也要堅持負起更多的責任來。」

聽了我的話，夫妻倆齊齊點頭，他們的態度都很

真誠。隨著他們態度的改變，場上的排列有了一些變化。妻子站到丈夫身邊，但孩子還是背對著他們，離他們越來越遠，蜷縮得也越來越緊。顯然，這還不是根本原因。

「你家裡有沒活下來的孩子嗎？」我問妻子。

妻子一聽眼圈就紅了：「在他前面有 8 個墮胎的孩子……我現在非常無力。」

「8 個？數量真是不少。懷孕了就把孩子拿掉，一次次拿掉……父母沒辦法讓自己的孩子活下來，這是很難過的事情。」我感嘆地搖搖頭。

她接著哽咽道：「有一個都 7 個多月了，每天動得特別歡快。因為我一定要生一個兒子，結果一檢查那是個女孩。丈夫本來要求把這個孩子生下來的，他說『我養，我養得起』。但我還是毅然地……」

7 個月？生下來都可以存活了，這相當於謀殺啊。家裡發生謀殺，如果父母沒有認真面對，活著的孩子心裡就會產生兩種感覺：一是，因為她們是女孩，所以就得死，我是男孩，所以我活了下來。孩子對自己的存活會有負罪感，他會覺得活著沒意思，很孤單，因為姐姐們都死了；二是，他會承接姐姐們被謀殺的情緒，會產生分裂感。一方面他想要幫自己的

兄弟姐妹，但殺死兄弟姐妹的那個人又是自己愛的媽媽，所以他會非常分裂。父母如果認真地去對待這些墮胎的孩子，孩子就不需要為父母承擔了，他的情緒就可以穩定下來。

我加入了8個被墮胎的小孩，丈夫開始往後躲，妻子和兒子靠近墮胎的孩子。

丈夫為什麼一直後退，為什麼在家裡感覺做什麼都是錯？跟這8個被墮胎的孩子有關係。男性陽剛的力量會透過性來展示，但墮胎就是對這種陽剛力量的一次次傷害。墮胎等於在說：只要我展現我陽剛的男性力量，我的小孩就會被殺死。這樣的話，男人還怎麼陽剛得起來呢？如果避孕，就沒有這樣的危險，他還可以繼續展現自己的陽剛力量。而且計劃生育的重點不是墮胎，重點是節育、避孕、優生。墮胎其實是在否定父親的力量。所以，發生墮胎，夫妻兩人都要好好懺悔，沒有懺悔就不知道自己錯了。

我們終於找到這背後的能量了。

「去吧，去面對自己的這些孩子，帶著一顆真誠的、懺悔的心，向他們表達你的愛，向他們道歉。」我話音剛落，這位母親就嚎啕大哭起來。我看過很多的排列，有的只是情緒的宣洩，而沒有懺悔，心裡面

沒有「我真的做錯了」的想法。那麼孩子還是沒有辦法改變，夫妻關係還是沒有辦法和諧。於是我趕緊提醒她：「認真用妳的心看到這些孩子，看到你們的錯誤，帶著愛看著他們，記得是帶著愛，這不是情緒的宣洩。」

然後，我帶領著夫妻對孩子進行懺悔：

「親愛的孩子，我是你們的爸爸（媽媽），我願意來看你們了。

親愛的孩子，我愛你們，對不起。

對不起孩子，我們錯了。你們為我們的錯誤付出了代價，你們永遠在我心裡有一個位置。我愛你們，親愛的孩子，我愛你們！」

當夫妻中的一方想把孩子生下，而另一方卻執意把孩子殺死，夫妻關係就斷裂了。可以修復嗎？可以，但是要付出真正的懺悔心才有可能重建。如果他們沒有真正真誠地面對那個 7 個月大的胎兒及那些被墮胎的孩子，他們孩子的情況也不會有大的改善。孩子覺得活著沒什麼意思，學也不想上，這是他承接了被墮胎的兄弟姊妹的情緒的結果。只有這對夫妻真的願意改變，老師交代的回家功課一定要發自內心去做，真正用心、用足夠強度的力量來面對

過往，心靈才能得到真正的解脫，孩子才能獲得自由。

解說：以愛和健康的態度面對被墮胎的孩子

墮胎是夫妻關係遇到困境的一個重要原因，墮胎也是讓孩子感覺生命沒有意義，感到孤獨的一個重要原因。

孩子都是媽媽心中的一塊肉，而墮胎就像挖媽媽的心頭肉一般，會在其心中形成一個空洞，經常產生莫名的空虛和憂鬱。有的人乾脆關掉某些感受，用工作或者購物等來填補這些空虛，有的人則會變得特別情緒化，每過一段時間就用歇斯底里的方式來發洩情緒。但是，我們的心靈就像一張精密的拼圖，每一小塊都有它的專屬位置，其他東西是沒辦法取代的。

對爸爸來說，墮胎對他們心理的影響也是一樣。他也會產生愧疚、憂鬱、自閉與內心的空虛感。大部分男性不太願意用口頭語言把自己的感受表達出來，但他們仍然會用其他的方式來表達。比如工作、宗教、酒精、金錢、物質或性欲。還有的男人，甚至會用失敗來填補墮胎帶來的罪惡感，會無意識地讓自己在事業上失敗，讓自己遠離富裕和成功。

對活著的其他孩子來說，墮胎的影響也是巨大的。從整體法則來說，第一個是承接的情緒。最常見的是孩子會

承接到被墮胎的孩子的情緒，因此對父母產生疏離感和不信任感。甚至有的小孩因為認同死去的兄弟姐妹的情緒，會生病或者不吃飯、厭食。第二個是存活者的罪惡感。活下的孩子因為其他的兄弟姐妹都死了，而自己卻能活下來，會有一種莫名的罪惡感。這樣的孩子比較容易感到孤單，覺得生活無趣、學習無趣，並且會無意識地貶低自己生命的價值。

因此，父母如何面對墮胎的孩子，對每個家庭成員都很重要。當父母用健康的方式看到被墮胎的孩子，並紀念這個孩子時，活著的孩子會從父母身上學習到什麼是責任。當父母願意給所有的孩子在心中留個位置，包括那些沒有存活的孩子，這會讓活著的孩子產生一種特別的安全感，他不再感覺自己是孤單一個人了。

我們不需要刻意告訴活著的孩子所有關於墮胎的細節，孩子重視的是父母的態度。我們只需要讓孩子感受到父母真的把那些墮胎的孩子放在心裡面就可以了。相反，如果父母並沒有把墮胎的孩子放到心裡面，只是為了讓活著的孩子分擔自己的罪惡感而告知這件事，那就不合適了。這個出發點很重要。

當我們帶著愛和健康的態度對待被墮胎的孩子時，活著的孩子也會在不知不覺中獲得自由。他不會因為自己還

活著而感到罪惡、孤單或者憤怒，也不用害怕自己是否會跟兄弟姐妹一樣被父母拋棄，他們可以自在地回到屬於自己的序位。

那麼，什麼樣才是有愛並健康的態度與做法呢？

首先，夫妻要討論對這件事的真實感受，真正把難過、內疚的情緒說出來。千萬不要落入辯論，那只是在逃避心中的感覺。夫妻倆可以找一個時間單獨聊一聊，說出各自心中的感受。比如可以說：「我想和你聊一聊，過去我們發生的一件事，那對我來說還沒有完全過去。當我想起我們曾經墮胎的孩子，我會感到很愧疚……」如果對方急著安慰，你不妨對他（她）說：「謝謝你（妳）安慰我，但是我想要把藏在我心裡的感受說出來。我們從來沒有認真面對面討論過這件事，我也想聽聽你（妳）內心的感受。」讓對方知道你內心的感受，讓對方也願意說出自己心底的感受。不要急，給彼此一點時間。當你們敞開心扉討論，並思考如何共同為沒能活下來的孩子做一些事時，雙方的關係就會開始得到修復，甚至變得更好。

接著，夫妻要「共同」面對。我知道有的人會自己偷偷跑去用一些宗教儀式把孩子送走，甚至認為這是嬰靈，要把他除掉、趕走，但這樣做是無法跟孩子達成真正和解的。想想看，如果孩子生下來，我們會多麼愛他呀，為什

麼我們殺掉他後反而覺得他是不好的呢？有這樣的想法是因為我們不願意面對殺害他的罪惡感和內疚感，不願意為自己所做的事情負起責任。

因此，最重要的是，我們要在心裡給孩子留一個位置，為他們做一些善事。你可以給孩子起個名字，為他種一棵樹，種的時候告訴孩子：「親愛的 ××，這棵樹是為你種的。」你們也可以舉辦一些紀念性的活動，比如在特別的節日給他買一些禮物，把他當成真正的孩子看待。當夫妻共同出遊時，不妨在心裡對他說：「爸爸媽媽一起帶你出來玩啦。」用他的名義多做一些善事，比如捐錢、資助貧困山區的孩子，到孤兒院當義工等，做的時候告訴孩子：「這是爸爸媽媽為你做的。」有的人有宗教信仰，也可以透過懺悔或用宗教儀式為孩子祈禱和超渡。總之，我們要用健康的方式來紀念孩子，以一顆祝福的心來對待他，不是做表面的儀式，而是真正去愛他。

有的人跟另一半已經分手或離婚，但那個墮胎的孩子也並不會隨著你們關係的結束而消失，他依然是你們的孩子。即使沒有機會來共同面對，但還是要各自面對，把他放到心裡面。

不僅墮胎的孩子要這樣面對，早夭的孩子也需要用這種充滿愛的健康態度來面對。不要為了怕觸碰到傷處而故

意遺忘或者隱瞞，這樣反而會讓家庭出問題。

為墮胎的孩子祈禱

　　孩子選擇我們做父母是一種很難得的緣分，那些孩子的死不應該毫無價值。我們要從孩子付出生命的代價中學習到重要的功課，讓未來的生活變得更美好，這樣才是對這些死去的孩子最大的尊重。

　　我現在邀請你一起來進行內在排列，為墮胎的孩子祈禱，為你自己墮胎的孩子祈禱。如果你沒有墮過胎，請為你被墮胎的兄弟姐妹或家族中被墮胎的孩子祈禱，祝福他們平安。

　　　　我們帶著心中的光和祝福

　　　　想像這個世界所有被墮胎的孩子

　　　　在我們的面前

　　　　成千上萬，無以計數的孩子們

　　　　把我們的心扉敞開

　　　　把我們心中祝福的光

　　　　灑落到他們身上

護送著這些孩子平安地到達生命的源頭

我們心中愛的光護送著他們

我們看到

在這些孩子背後

生命源頭的光

巨大的、金色的、白色的、無限燦爛明亮的光

從遠遠的地方照耀到所有這些孩子們身上

透過我們愛的祝福

透過我們愛的伴隨

我們看到這些孩子

融入生命源頭的燦爛的光裡

迎接著他們回到生命的源頭

親愛的孩子們

謝謝你們

謝謝你們為我們付出的代價

你們在我心裡永遠會有個位置

我愛你們

親愛的孩子們

我們會為我們所做的負起我們的責任

而你們是自由的

現在你們可以自由地回到生命的源頭

回到無限平安喜樂的世界

感謝你們

再見了

我們看到前面一大群的孩子，越來越高地飛去

越來越高地飛去

這些小小的孩子們

就像天使般清純可愛的孩子們

越來越高地飛去

融入生命源頭的光裡

讓生命源頭的光

帶領著他們回到那無限平安喜樂的世界

帶著我們的祝福

平安地回家

系統觀讀懂孩子

常見情緒問題

焦慮

　　焦慮是對未來的一種擔心，當一個人對於未來有許多擔心，沒有辦法確定的時候，就很容易產生這樣的情緒。如果孩子常出現這樣的情緒，我們可以幫助孩子模擬未來的某些情境，就好像角色扮演的遊戲一樣，讓他對即將發生的事情做一些演練，這樣可以幫助孩子降低焦慮。有些時候，當一個人對未來想太多，他們去付諸行動的時候，也很容易產生焦慮和擔心的情緒。所以我們要引導孩子學習去付諸行動。真正的行動會很自然地降低我們的焦慮和擔心。

憂鬱

　　從家庭系統動力的視角來看，憂鬱也反映出孩子跟母親或父親的連結出現問題：媽媽或爸爸的位置是空缺的，或者家族裡有人被排除在外而產生了空虛感，孩子承接了這些空虛感，便產生憂鬱的情緒。

　　同時，憂鬱也是對過去發生的事情沒有真正地放下，並陷入過去的事情或情緒當中。比如過去發生過不好的事

情，由此產生的情緒一直沒有處理，當再次遇到挫折的時候，未處理的情緒就會再次出現，使人陷入其中。

如果孩子有這種情緒，也是因為過去的事情累積而來。這個時候，我們要真誠地跟孩子談一談，瞭解他過去到底發生了什麼，一步一步讓他把過去的心結解開，然後幫助這個孩子回到當下，朝向未來。當然，我們需要透過一些實際的、具體的行動，甚至一些規劃或計畫來幫助孩子回到當下，這樣孩子就能夠脫離憂鬱的情境了。

憤怒

憤怒不一定都是不好的情緒，憤怒也可以是人的一種健康情緒，有時候透過憤怒，我們可以變得更有力量，去達成一些事。所以家長們，不要害怕孩子有憤怒的情緒。

孩子為什麼會憤怒？當發生的事情跟他的預期不一樣時，他可能會憤怒；或者有人欺負了他，他會憤怒；如果他被冤枉了，受到了委屈，他同樣會憤怒；又或者發生一些事情，無法控制，他可能也會憤怒。

孩子們需要學習的是，如何去表達憤怒，而不是讓它失控。

所以，我們要幫助孩子把他的感受說出來，而不是讓孩子一直壓抑憤怒，最後以暴力的方式發洩出來。這需要

我們引導孩子有意識地管理自己的憤怒情緒。比如透過玩「紅綠燈」的遊戲來引導他——當他感覺到憤怒的時候，讓他在自己的心裡喊「紅燈」，讓自己停下來。或用靜心呼吸（見本章「練習」部分）陪孩子調整情緒。經過耐心的引導，讓孩子慢慢學會在內在產生一個暫停的片刻，讓自己更有覺知地表達情緒感受，而不被憤怒抓住。這對孩子的人生來說是非常必要的。

敏感脆弱

孩子比較敏感、脆弱，肯定有許多原因，我想在此特別提出的是，每一個孩子，都應該回到自己的位置上，回到自己的長幼順序裡面。家長要在家庭裡給孩子一個適當的界線和規範，讓孩子學習在這個適當的界線和規範裡面站在自己的位置上，去經歷他生活裡的成功或失敗。

一個在健康的、有界線、有秩序的環境裡長大的孩子，會更容易找到適宜的分寸感。也就是說，他知道在每個處境裡，怎麼做是對的、怎麼做是錯的，他會建立起內在的力量。這樣，他就會慢慢降低情緒上的敏感度。因為他知道，他是在一個有秩序的界線裡面生活的。當他知道自己的位置在哪裡，他就可以更穩定地發展自己，並調適自己的情緒。這一點，是我們很多家長容易忽略的。

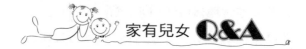

家有兒女 **Q&A**

Q：孩子越來越難管教了，動不動就發脾氣，稍稍一點事情不如他的意就大吼大叫。昨天是他 13 歲生日，他要的禮物是遙控飛機，結果我沒買到他想要的那一款，買了另外一款。他一打開包裝，看到不是自己想要的，立刻就摔在地上，飛機都被摔碎了。

A：你的問題分三個部分，第一個部分，孩子是透過累積的事情慢慢學習的。你提到「事情一不如他的意，他就大吼大叫」，所以在過去，你是怎麼樣管教他的？你是否在他需要稱讚時稱讚得不夠，需要處罰時處罰得不明確？他現在已經 13 歲了，已經不小了。所以，我們要反省過去的管教方式是不是少了一點紀律，才讓他累積成這樣的一種情緒模式。

第二個部分，孩子也要學習管理自己的憤怒。如果稍微有一點點小的刺激，他的憤怒就那麼快爆發出來，那麼生活當中，在社交環境裡，受到一些小的刺激，他的憤怒也會同樣無法控制，這樣很容易給他帶來困擾和麻煩。所以你要幫助孩子覺察，當他憤怒的情緒起來的時候，他的表情是什麼樣子、他的身體動作是

什麼樣子。然後教導他，在情緒出現之前，深呼吸（平常就可以練習，參考「靜心呼吸練習」），讓情緒爆發之前有一點點緩衝的空間，而不是馬上爆發。或者當他覺察到自己開始憤怒的時候，透過 1 秒鐘、2 秒鐘、3 秒鐘的深呼吸，找到一個可以表達憤怒的方式。以你說的這件事為例，他打開包裝看到不是自己想要的，就是說他得到的不是他所預期的，這個時候他的憤怒就起來了。當他憤怒起來的時候，你要幫助孩子覺察他的憤怒。你可以告訴他：「你好像有點生氣了，先深呼吸一下，看看，發生了什麼事。」然後協助他，透過語言的方式把他的憤怒表達出來：「我看到你好像有點生氣了，怎麼了？是不是你想要的跟現在送給你的款式不大一樣？是這樣子嗎？」這樣，他就能慢慢學會用不同的方式來表達自己的情緒了。

第三個部分，如果孩子有一些莫名的情緒，除了上述講的部分，我們還要去探索莫名情緒的背後是什麼。很多時候孩子的情緒爆發不是一個單獨的生活事件，而是家庭裡深藏於底層的壓抑情緒，或是一些壓抑的憤怒。

也許是爸爸的憤怒，也許是媽媽的憤怒；或許是你們

夫妻之間相處的一些憤怒沒有表達；又或許是家族裡面曾經發生過一些事件，導致一些情緒沒有得到好的流動，這時候，孩子就會承接你們的憤怒。這就像休眠的火山一樣，它早晚會以不同的方式被觸發。

孩子是否有莫名的情緒，其實我們是能夠觀察到的，就是這種情緒反應與一般適當的情緒反應相比，明顯超出了範圍。通常我們看到這種情緒反應會覺得奇怪「為什麼他的情緒反應會這麼大？」當孩子有這樣莫名的情緒時，我建議最好能夠做一個家族系統排列，來探索莫名情緒背後的力量，並且找到根本性的解決之道。

Q：我家孩子 12 歲，特別愛生悶氣，有時候我都不清楚哪裡得罪他了。有一次帶他去博物館，坐車的時候還好好的，下車的時候就生氣了，不理我，自己埋頭往前衝，差點撞到車子。我現在跟他在一起都小心謹慎，深怕哪裡又惹他生氣了。

A：我們要知道，孩子進入青春期的確在情緒上的表現會跟以前不一樣。但是不管孩子的情緒狀況怎麼樣，第一步，我們要先站好自己的位置。我們是爸爸媽媽，如果我們怕他生氣，跟他在一起要特別小心謹

慎，這個時候我們就被他的情緒控制，我們的位置就出現了偏差。所以，第一步，我們要站好自己的位置，劃好界線，讓孩子知道，我們是長輩，是大的；他是晚輩，是小的。在這個界線範圍內，我們再跟孩子保持一個好的溝通。

我們跟孩子建立界線，是幫助孩子成長的一個很重要的過程。孩子進入青春期後會不斷地碰觸試探這個界線。如果我們界線守得好，孩子就會在這裡面去學習、去成長，他的內在就會有一些整合，這些整合其實就是他在獨立過程中需要去經歷的事情。

第二步，我們要開始學習與青春期孩子溝通的方法。當他有情緒時，我們要學習理解他的情緒，問他到底發生了什麼事，讓孩子願意說出來，願意把他的感受表達出來。

你的孩子特別愛生悶氣，關於這一點，可能你要學習一下怎麼去問、怎麼去聽。在這個過程中，最重要的就是不要否定他的情緒。當他有情緒的時候，先同意他的情緒。你可以說：「哦！你看起來好像在生氣，不知道發生了什麼事？」或者說：「我看到你在生氣，我看到你好像有一些不舒服的地方，到底發生了什麼事？」有時候他願意說，有時候他不願意說，但

是慢慢地，孩子會覺得，在這個家裡，他可以任意自由地表達自己情緒，他的情緒是能夠被接受的。當然，這需要有一個過程。

更重要的是，你在日常生活中的身教。家庭就是要創造出一種可以任意表達自己感受的氛圍。你可以用「我感到……」或者「我覺得……」來表述自己的一些個人感受，夫妻之間也是一樣，這樣孩子就會從我們身上學到表達情緒、表達感受是正常的，是健康的。耳濡目染下，他就學會了如何來表達自己的情緒。

所以說，對青春期孩子的教育其實也是我們父母的成長，是非常重要的。

Q：孩子才剛上五年級，天天長吁短歎的，問她有什麼煩心事，她就說「活著沒意思」或者「生活好無趣」。我帶她去同年齡孩子都喜歡玩的遊樂園，可她完全不感興趣；帶她去看動畫片，她還是說無趣。孩子每天萎靡不振的，完全不像同齡孩子那樣生氣蓬勃，真讓人擔心。

A：你的孩子是一個早熟的孩子，所以你要帶著一份尊重來與她相處。你可以選擇適當的時機，比如說當她心

情比較好的時候，或者是情緒比較穩定的時候，好好跟她聊一聊她的心事、她的感受。不要太快給她建議，先聽聽她到底發生了什麼事，她有什麼樣的感覺。當你願意傾聽的時候，你的孩子才有機會說得更多。

她常常提到「活著沒意思」或者「生活好無趣」，在這背後，可能也有一些關於家庭的系統能量需要我們去探索。

因為她內在的一些情緒，可能不僅僅是因為生活中發生的事。在這背後，有可能是你的家庭，甚至是你的家族背後，有一些事情需要重新來面對。她有可能承接其他家人一些莫名的情緒，或者承接了一些被家族排除在外的人的一些憂鬱或悲傷，又或者是家庭裡面有一些事件沒有被好好面對，以致成為這個家庭去逃避的事件。你可以想一想，你的家族裡有沒有不幸早逝的成員、意外死亡的成員。有可能，孩子是在填補家庭或家族裡面被排除的孩子，或者是承擔了早夭孩子的某些情緒，所以感到憂鬱、沒有活力。這些都可以透過家族系統排列探究出來，從而在根本上幫助你的孩子。

Q：孩子對別人的評價非常敏感，只能誇，稍微有一點點批評就情緒低落，哭泣或者自己生悶氣。怎麼讓孩子不那麼敏感呢？怎麼讓他接受客觀的評價呢？

A：讚美或指正孩子的時候，有一點很關鍵，就是你要描述孩子所做的具體的事情，哪一些是好的，哪一些是需要改進的，而不是去評判孩子本身。

比如，孩子作業寫得很好，這個時候你讚美他就不要說：「哇！你好棒哦！你真是全世界最聰明的孩子。」這種讚美是不恰當的。

你可以改用描述的方式，告訴他：「哦，媽媽看到你寫字的速度很快，一下子就把作業寫完了。」這個時候，因為妳描述的是一個具體的事件，而不是空泛的評價，他內心就會對自己有更好的調整，並由此產生一份自信。

同樣地，如果妳去指正他做的某件事情時，也不要說：「你怎麼那麼笨啊，這一點作業都寫這麼久。」如此一來，孩子的自信心很容易受到打擊。但你可以描述具體的事情，說：「我看到你寫作業花了很多時間，超出我所預期，是碰到了什麼問題嗎？」這種表達，孩子就不會覺得你在說他這個人不好。

所以，批評或讚美孩子一定要朝向具體的事件，去描

述他的所作所為，而不是對他的人格作評價。這樣孩子的內在會生出對自己的肯定或瞭解。當他有了這份肯定和自我瞭解後，就不會對別人「好」或「不好」的評價那麼敏感了。

Q： 孩子 7 歲了，特別沒有安全感，天黑怕，颳大風怕，打雷下雨也怕。長這麼大了，還是沒辦法分床睡，睡著了還時不時伸手探探身邊，沒摸到人就醒。平常一個人在家待一會兒都不行，一轉頭看不到人咧嘴就哭，真是煩心。

A： 孩子 7 歲了，慢慢地他會獨立，但是看到你孩子的情況，我有個推測——在他更小的時候有被驚嚇或者與父母分離的經歷。也就是說，當他想要跟爸爸媽媽或者照顧他的人在一起的時候，卻不能如願。當然，也可能有其他產生創傷的經歷。

解決的方法就是促使他努力回想，過去有沒有特別令他害怕的事情。當他在描述那時候發生的事情時，請你抱著他，讓他感覺到安全。因為當他再次敘述那個事件的時候，他也會重新經歷當時的驚嚇。一次、兩次、三次，慢慢地，過去這些負面的經歷會逐漸變得平淡，那個時候他的內心就會變得更有安全感。

這種莫名的情緒也有另外一個可能，就是在系統裡面，即你的家族裡面，包括上一代爺爺、奶奶或者外公、外婆的家族裡面，可能發生過一些令人害怕的事件。如果是這種情況，家裡就會有一種像是遺傳一樣的記憶，讓孩子感到驚嚇，感到沒有安全感。

比如，家族裡面有成員很小的時候被送走了，或是出現一些讓人恐懼的意外；或者經歷過重大的驚嚇事件、衝突事件；或者家族裡面有人曾經因為一些重大的歷史事件被驚嚇，甚至喪命等。這個時候，透過家族系統排列，就可以探索家族傳遞下來的心理狀態，同時找到解決之道，幫助孩子從這種莫名的恐懼情緒的承接中，慢慢走出來。

Q：我家孩子似乎太過追求完美了，我都懷疑她是不是有強迫症了。比如，衣服必須熨得平平整整，一點兒褶子都不能有。有一次在網上買了一本書，裡面兩頁有折痕，這孩子就把書退了重新買。可是她第二天就要用這本書啊，結果我只好請假跑到書店幫她重新買。

A：太過追求完美，甚至有強迫症的傾向，這種莫名的情緒，往往是因為在家族裡面有一些事件，沒有得到真正的和解或圓滿。所以出生在這個家族裡面的孩子，

就承接了這種莫名的情緒。你可能要去瞭解，你的家族裡是否有發生過傷害、殺害或謀殺的事件，包括是否有家人被害、是否傷害了別人、是否有衝突或意外，甚至一些歷史事件都要算在裡面。透過家族系統排列，我們重新來面對這個事件，才有可能進一步去改善孩子這種莫名的情緒。

練習 **1.靜心呼吸，陪孩子調整情緒**

在日常生活裡，當孩子有一些情緒時，除了轉化家庭系統動力的影響外，我們也要學習一些靜心方法與溝通技巧，這樣才更能提升與孩子互動的品質。

教導孩子練習靜心呼吸時，可以先請他找一個舒適的姿勢坐著，兩手平放在大腿上。然後對孩子說：「當我們快速短促呼吸時，會感覺緊張侷促；當我們緩慢深長呼吸時，會感覺舒緩放鬆。」

接著，讓孩子把手放在肚子上，感受急促呼吸和深長呼吸時，肚子不同的起伏情況。

之後，請孩子閉上眼睛。如果他不願意，也可以提示他固定看向某一處，比如窗戶、某樣玩具等。

進行練習的過程中，孩子可能會被一些突然出現的狀況干擾，比如電話聲、敲門聲，小鳥的叫聲，然後就坐不住了。這是正常現象，我們不要責備孩子。可以冷靜而溫柔地對孩子說：「我們把注意力收回來，來，深呼吸。」你的冷靜溫柔會讓孩子立刻平靜下來，回到寧靜平和的練習當中。

一開始，孩子保持靜坐的時間會很短，甚至只有幾十秒。沒有關係，堅持練習，逐漸延長時間。持續進行一段

時間後，你會發現，年紀小一點的孩子，可能會坐一兩分鐘，而年紀大一些的孩子，也許能靜坐十幾分鐘。

練習完，我們要和孩子一起分享彼此的感受，跟孩子討論一下，什麼時候可以運用它。提示孩子，當他生氣的時候，當他面臨挑戰，忐忑不安的時候，都可以嘗試運用靜心呼吸法。

想教會孩子靜心，最關鍵的是我們自己也要做，讓孩子在生活中看到爸爸媽媽也在做這件事，他們就會覺得這麼做很自然。在生活裡我們也要運用它：當我們情緒激動要發脾氣時，我們也要趕快利用呼吸將自己的心靜下來。這樣，孩子很快也就學會如何調整自己的情緒了。

練習 **2.當孩子有情緒時，具體的回應法**

當孩子有情緒時，以下回應技巧會很有幫助，作爲父母要多練習這些溝通技巧。這樣不但可以讓自己更輕鬆地與孩子溝通，孩子也會更願意和你交流，雙方自然而然就提升了情緒管理技巧。

爲了達到這個目標，首先，家中要創造一種氛圍，讓孩子覺得可以自由地表達自己的感受。

技巧1： 父母要用「肯定孩子的想法和感受」代替「要孩子忘掉感受」。

技巧2： 有時父母可以用一個詞或聲音，如「喔」、「嗯」、「哦」、「我知道了」，來回應孩子的感受，以此代替「忽略孩子的感受」。

技巧3： 父母在要求孩子修正行爲的同時，要接受他的感受；父母不要否定孩子的感受，但父母也不能放棄自己的判斷和立場。

技巧4： 對現實中不能實現的事，可以用幽默一點的方式，引導孩子用「幻想或角色扮演的方式來完成」代替「說教講理」。

後面的漫畫完整地展示了哪些是回應孩子的不適當做法，哪些是回應孩子的適當技巧。

不適當做法：要孩子忘掉感受

適當技巧：肯定其想法與感受

寶貝，你看起來很難過，發生了什麼事嗎？

我們音樂老師離開學校了。

5

難怪妳這麼傷心。

我們全班都很喜歡李老師，她長得又漂亮，唱歌又好聽。

6

7

我還以為發生了什麼大事呢。沒關係的，你們還會有別的音樂老師。

可是，對我們來說不一樣，我們都很喜歡李老師，她很關心我們。

8

你們很幸運，能遇到這麼好的老師。妳一定會記得她的。

我們都會記得她，大家還計畫暑假去找她呢！

不適當做法：忽略感受

適當技巧：回應感受

喔，天哪！我的課外實習報告明天就要交了。

喔，是嗎。

5

我只寫了一半……

這樣啊……

6

7

哎，我還打算今天看球賽的呢，這下可看不了了。

哎，這真是太可惜了。

8

可是也沒辦法，如果我不寫的話，明天上學就要挨罵了。

嗯，也是。

不適當做法：放棄自己的立場和判斷

適當技巧：修正孩子行為的同時，接受其感受

我也希望你能參加，可問題是，你的腿還腫著呢！

媽媽，妳讓我參加夏令營吧。我的腿已經好得差不多了。

5

是嗎？哎，太可惜了，你只能待在家裡。

可是它一點也不疼啦。而且，這次夏令營，有我要好的朋友會去。

6

7

是啊，要是你腿不受傷就好了。

拜託，上一次班上的春季旅行我也沒有去成。

8

傷筋動骨只會好的更慢，醫生也說了，這段時間，你必須留在家裡修養。

真倒楣……

不適當做法：要孩子忘掉感受

適當技巧：角色扮演

爸爸，你什麼時候教我開車？

看樣子你很期待。

5

我的好朋友阿輝13歲就學車了。

所以，你也希望我不要太看重年齡這件事是嗎？

6

7

當然了，年齡不能說明什麼，我已經長大了。

那按你的想法，你很快就能學會開車了。

8

肯定的，我一定學的很快

然後你就可以考駕照，以後我們出去玩，你就是家裡的小司機了。

CHAPTER 5

孩子的人際關係
在說什麼

「親愛的媽媽，我想跟妳連結。」

「我想要歸屬感，我想要有個伴。」

「我們要用更好的方式來面對家族祕密。」

中斷的連結如何影響孩子的人際關係

我們每個人生命裡面的第一份人際關係是與媽媽的相處。一個人小時候與媽媽連結中斷，對以後的人際關係會產生很多影響。在心理學上，我們把這種情況稱爲「中斷的連結」（interrupted reaching out movement）。孩子越小與媽媽的連結發生中斷，對他以後的影響越大。

嬰兒階段，母嬰間好的互動會促進孩子的腦部發育。如果母嬰「連結中斷」，當一個嬰兒想要靠近媽媽時，媽媽因爲一些原因無法回應，比如生病，他便會受挫。如果一次、兩次都受挫，這個經驗就會在他幼小的心靈裡留下烙印。他想要去靠近一個人建立一份關係的時候，這份失敗的經驗就會出來，他就會退縮。這不僅影響孩子未來與人建立連結，嚴重的還會影響他的智力發育、生命安全。

對學齡前的孩子來說，身體接觸是建立連結最重要的方式。大哭的嬰兒，抱起來後就會平靜下來。有科學實驗證明，得到更多擁抱的早產兒存活率更高。以前新生兒出生後醫院實施的是「母嬰分離」，媽媽在病房，孩子統一在嬰兒室護理。但現在的醫院都是母嬰同室，讓新生兒盡可能多與母親待在一起。

在童年與青少年期的孩子身上，「中斷連結」表現在交友困難與情緒的易反覆、優柔寡斷、難以做決定。

當年紀再更大一些，成年孩子的「連結中斷」會影響到他的交友，影響他達成工作的目標，影響他建立親密關係。甚至等到他為人父母了，他很有可能重複父母的方式，以中斷連結的方式來建立他與孩子的親子關係。

我有一個案例，媽媽在國外工作，孩子都由外公、外婆帶大，現在孩子讀高二了，但是特別孤僻，幾乎沒有朋友，跟父母也拒絕交流。令人感嘆的是，在國外工作的媽媽同樣也是由祖輩帶大的。

當然，不是說媽媽每天早上離開孩子去上班、晚上才回家就會導致母子連結中斷（因為晚上媽媽又可以陪伴孩子了），但是，有的父母選擇把孩子送回老家由爺爺、奶奶或者外公、外婆帶，一年跟孩子見幾次面，這樣的狀況就要謹慎。

如同中國大陸央視《開學第一課》的節目開場白：「當教育孩子時，你跑去掙錢不管教孩子，等孩子長大了，你辛辛苦苦掙了一輩子的錢不夠他敗家一年；當教育孩子的時候，你選擇管教陪伴，等孩子長大了，你一輩子沒掙到的錢，孩子一年就掙到了。」因此，當孩子越小的時候，離開媽媽的時間要越短。如果迫不得已，則每次跟

孩子碰面就要多多擁抱他，有更多的身體接觸，比如勾著手臂、摟著肩膀，坐時靠在一起等。

重新連結母親，
幫助孩子建立人際親密

曾經有一位 27 歲的男生來到我的工作坊，他基本上都是獨來獨往，幾乎不和身邊的人說話打招呼。在前三天的各種練習與活動中，參與度都不怎麼高。到工作坊最後一天的下午，他把手舉得很高，似乎很迫切想要解決問題。

他道出了自己的苦惱：無法與人建立長久的親密關係。除此之外，在日常生活中及工作中，他很容易產生情緒，而且常常情緒激動，看不到別人的優點，全是別人的缺點。聽完這些，我問到他與父母關係如何，尤其是與媽媽的關係如何。他回答：自己對爸媽總是意見很大；媽媽在家裡很強勢，管教自己很嚴格。

「你小時候是在媽媽身邊長大的嗎？」當我問到這個問題時，男生聲音變得有些哽咽：「我在 3 歲之前都是由姨媽帶大的，很少見到媽媽。」

我覺得有些奇怪，「為什麼是姨媽帶大你呢？那外婆呢？」

「在我媽媽 7 歲的時候，外婆把媽媽過繼給了自己的妹妹當女兒，也就是我姨媽。」

「所以，你媽媽 7 歲之後並沒有在自己的媽媽身邊長大？」男生點了點頭，沒有說話。

在知道這些資訊之後，我們就很容易理解，媽媽的代表為什麼轉過身去，原來她是要去找尋自己的媽媽。

而這名男生難以靠近自己的媽媽，是因為在 3 歲之前最需要媽媽的時候被送到姨媽那兒，離開了媽媽。他與媽媽的連結，在那個時候被中斷了，他對媽媽的渴望也被凍結了。我開始幫助他進行「完成與母親中斷的連結」（IROM），幫助他重新與母親連結。我引導他慢慢變小，想像自己小時候被媽媽送走的感受，看到小時候記憶裡的媽媽，我陪伴並支持著他慢慢靠近媽媽，一邊靠近一邊喊著「媽媽，媽媽」。媽媽的代表慢慢往後退，男生繼續喊著「媽媽」，繼續爬向媽媽，「媽媽，求求你，請讓我靠近你！」

男生緩慢爬向媽媽的畫面讓人很感動。當他終於

靠近媽媽，緊緊抱住媽媽時，男生哭了出來。在場不少人也紛紛落淚。

20多年過去了，他終於抱住了渴望已久的媽媽，他終於感受到了媽媽懷抱的溫暖，他終於連結上媽媽了。他與媽媽的緊緊擁抱，讓他的身體和細胞都記住了這份連結。

解說：媽媽給予我們的力量

結束的時候，我做了一個測試，我讓他面對自己喜歡的女生，並試圖接近她。他微笑地看著女生，靦腆地慢慢靠近她。現場所有工作坊學員都為他歡呼。男生說自己感覺背後有一股力量在推動著他往前走向女生。

媽媽是我們人際關係中的第一份關係，她影響我們隨後的所有關係。當與媽媽有一份好的連結，我們與身邊的人也會建立一份好的人際關係，而不是疏離與中斷；當與媽媽有一份好的連結，就會幫助我們與人建立一份長久的親密關係，而不是恐懼與退縮。

歸屬感對孩子等同愛和幸福

每個人都需要歸屬感，一旦我們擁有歸屬感，就會感

覺輕鬆愉快，會有安全感。而一旦缺乏歸屬感，我們就會感覺沮喪、孤單、寂寞、壓抑，會想找機會離開，重新尋找一個有歸屬感的環境。

　　每個孩子一生下來，他賴以生存的就是家庭，讓他得以存活的人就是父母。所以，他對家庭歸屬感的追求，熱烈的同時也是盲目的。如果你仔細觀察就會發現，孩子非常希望和爸爸媽媽穿同樣的衣服、吃同樣的食物，他會不經意間就學到了爸爸媽媽說話的方式，有時甚至會刻意模仿爸爸媽媽的行為舉止。其實，他們是在用這些外在的表現來表達希望與父母緊密聯繫的心願。他們以為，與父母的外在形象保持一致、重複父母的語言和動作，就可以保持和父母的連結，保持和父母是「一個戰壕裡」的歸屬感。即使已經長大成人的子女，在父母前面，他依然是孩子，依然會從父母那裡追求歸屬感。正如海寧格老師說的「歸屬對於孩子而言，等同於愛和幸福」。

　　每個孩子都想與家、父母有好的互動關係，畢竟這關係是切不斷也分不開的。但是沒有人不會犯錯，即使是爸爸媽媽也一樣。為什麼？因為他們也受到自己原生家庭的影響，也受他們父母的生活經驗的影響。這時候，孩子會因為對歸屬感的渴望，而盲目追隨父母，甚至犧牲自己的健康和幸福。這一點會經常在孩子的情緒上表現出來，並

且會更直觀地表現在孩子的人際關係上。比如，孩子情緒不穩定，這意謂著很難交到朋友，在人多的場合也會表現得特別孤僻。還有一種情況，當孩子在家裡面，也就是在父母那裡找不到歸屬感，感受不到被需要、被看見的時候，他們就會往外找尋。找到正向的他們就朝好的方向發展，找到壞的他們就朝壞的方向發展。

　　印象中有個孩子，名叫小胖，他來工作坊時才小學四年級。他來上課是因為他不愛跟同學玩，而且專門結交壞的朋友，跟著那些壞朋友到處闖禍。我去瞭解他為什麼這麼做。結果是，他的父母早已離異，他從小跟著爸爸，但是爸爸又很忙，沒空陪他。後來，他就跑出去偷車──在那些壞朋友的陪伴下！

　　碰到這樣的情況，很多父母會說，孩子是被朋友帶壞了。但這就是真相嗎？我排列了小胖與父母的關係狀態，排列中呈現的是三顆分開的心靈，父母和孩子三個人各站一方，父母不看兒子，兒子不看父母，父母之間也不看對方。直到加入朋友，小胖立刻向朋友靠近。

　　很明顯，小胖對朋友有一種依賴。這是因為朋友的出現讓他心裡有了歸屬感，從而有安全感，也讓小

胖有了被人關心的感覺。

透過排列，我們清楚地看到，小胖偷東西是因為他需要朋友的陪伴，需要從朋友那裡獲得歸屬感。如果我們沒有去瞭解小胖的心理層面，只是一昧地教育他、約束他，而他心裡真正的需要沒有被看見、沒有被滿足，那麼他的行為不會好轉。只有當父母重新給小胖一份歸屬的感受，幫助他解開心結，他才能有新的開始，走上正確的道路。

進入青春期，要特別注意孩子的交友情況。如果孩子在家裡沒有歸屬感，就會透過拓展人際關係的方式去尋找，如此一來可能交到好朋友也可能交到壞朋友。如果運氣好的話，孩子會遇到好的朋友，一起讀書、運動，從事積極活動，反之可能遇到一群打線上遊戲、偷竊的朋友。在孩子價值觀還不健全的階段，他重視的是一群人在一起的歸屬感，而那一群人做什麼就變得不重要了。

比如青少年的霸凌事件中，那些打人的少年，他們甚至不把被欺負的對象當作是人來看待，身處其中的每一個孩子，只要跟群體裡的其他人做相同的事情，就不會覺得羞恥。他們的道德觀還沒有完全成熟，這也是為什麼會有「孟母三遷」的典故。

　　家裡的歸屬感強，朋友對孩子的影響就會變小。這種情況下，父母引導他結交一些朋友或者遠離一些朋友，他都不會特別抗拒。但是如果家給孩子的歸屬感很弱，外面朋友的影響就會變強。

　　一旦孩子結交不恰當的朋友，父母第一步就是要建立家的歸屬感，然後引導他結交更多積極上進有良好教育的朋友，讓不恰當的朋友對他的影響力變弱。

　　因此，孩子的人際問題是在說：「我想要有歸屬感，我想要有個伴。」

用更好的方式來面對家族祕密

　　在日常的工作中，我碰到過各式各樣的家族祕密。許多孩子受這些祕密的影響，卻沒有被正確引導，心靈沒有被體貼照顧，在擁有這些祕密的同時就有可能被這些祕密所傷害。孩子的人際問題在說著：「我們是時候用更好的方式來面對家裡的祕密了。」

　　下面這個案例，就是一個年輕人在青春期背負著家族祕密而備嘗人生艱辛和苦痛的經歷。

　　小宇已經大學畢業了，但還是沒有辦法好好談戀愛，好好工作。原因是他一直糾結於一個不能說的祕密。

　　小宇坐在我身邊，一手拿著麥克風一手抱著自己的胳膊。看得出來，他比較拘謹。他開門見山地講述了自己的困擾：「我覺得我不是我爸爸的孩子，家族裡面的人都知道，但都不說。我認為我是大姨丈的孩子，但不確定，因為媽媽也不說。家裡的人都說我長得不像我爸，甚至一個表弟還說，如果你頭髮再長一點，你跟你表哥就長得一模一樣了。」他稍頓了頓，解釋道：「我表哥就是大姨丈的孩子。」他的語速很快，聲音像一條直線，沒有任何的起伏，很著急把事件講完，並且努力讓自己成為事件中的觀察者。

　　「長得像不能說明什麼問題啊。」我不想他因為自己的臆測就承擔這個祕密的壓力。

　　小宇沉默了很久，沉著聲音說：「小的時候，我曾經看到過我媽跟大姨丈兩人很親密地在一起。當時，我就躲在旁邊。那時候我就懷疑我跟我弟弟，我們當中有一個是他的孩子。他那時候來我家的頻率特別高，但我媽媽從來不正面說這件事情。」

　　「你媽媽沒有特別去說這件事，沒有正面地告訴

你或者承認這件事。所以，這對媽媽來說就是個祕密。」我認真地對他說，「不管你爸爸是誰，你親生的爸爸就是你親生的爸爸，不管這個男人是誰。你在這個家長大，不管他是誰，他也照顧你長大了。

如果她願意告訴你，那你就聽她說。如果她不願意告訴你，你也不要在她有生之年刻意去刺探這個祕密，要尊重媽媽心裡面的這個祕密。重點是生你的人把生命給了你，養你的人把你照顧長大。現在你 25 歲，這是你人生的一個新開始，你的焦點不要再放在過去。

媽媽願意說的時候，她自然會說。如果她不想說，那就保持對她的一份尊重。而且，要記住，就算現在養你的爸爸不是你的親生爸爸，他對你也是有恩的，他把你照顧長大了。所以，讓這些祕密成為過去吧。」

但我的話，小宇似乎沒有聽進去，他依然沉浸在過去的痛苦中：「高二的時候，我被同學排擠，跟老師關係也不好。當時就特別希望有一個很有力量的人站出來，比如我親生的爸爸。我希望他能把我從這個環境當中解救出來。但當時沒有人站出來。那個時候我真的很絕望，完全沒有朋友，甚至有一天晚上想自

殺。從那個時候開始，我就感覺腦袋裡有層層的障礙，沒有辦法思考，沒有辦法生活。」

有時候，人必須帶著一些祕密活著。如果我們一直想去刺探祕密，並受困於此，就會有很多的無力感。萬一祕密在不適當的時候被揭露，它也許就會變成一把傷人的利刃。但如果尊重它，祕密就只會是祕密。我要讓這個祕密成為陪伴小宇同行的友善的力量，所以我決定在現場幫他做一個練習。這個年輕人需要一些身體的經驗來支持他前行。

我請小宇從圍坐的同事中隨機找到兩個人代表自己的親生父母，然後示意他坐在場中央的椅子上，讓他在腦海中回到高二那年受同學欺負的場景，進入那個被困住的感覺。小宇漸漸進入感覺，雙手緊握，雙肩併攏，我和助手一起，用一條長長的圍巾將小宇圍在椅子上，然後對他說：「衝破圍巾的束縛，就好像衝破高二時的種種束縛。衝出去！衝向你的親生爸爸和媽媽。」

當我喊「衝」的時候，小宇幾乎不能動，真的像被繩子捆住一般。我在後面輕輕推他，同時示意場中的夥伴一起為他鼓勵，大家「加油」的聲音越來越響，小宇開始用勁兒，但還是喊不出「爸爸」這個

詞。夥伴們都站了起來，高聲為他加油，小宇終於哭喊著「爸爸」，衝向了他親生的爸爸，衝向他高二那年無比渴望的那個寬厚的懷抱。

我輕輕拍著小宇的後背，溫和而堅定地告訴他：「小宇，用你身體的每個細胞記住這個經驗，你可以辦到，你成功了。你投入了生命的懷抱，生命源源不斷地供給你能量，把你生到這個世界上。你活下來了。不管是以怎樣的形式，不管你爸爸、媽媽是誰，背後偉大的生命透過他們把你帶到這個世界。你的生命是獨一無二的。請記住，它是那麼珍貴，你要懂得珍惜。爸爸媽媽之間的事，那是他們之間的事，你要尊重。你的義務、你的責任就是帶著這個珍貴的生命往前走，創造屬於你自己的人生。」

解說：學會尊重祕密

一個不被家庭祕密傷害的方式，就是「帶著深深的尊敬」。

如果我們能給予孩子充分的引導，讓他懂得尊重這個祕密，是能夠讓孩子安然度過青春期的。這個世界上有許多孩子不知道自己的爸爸是誰，我就認識幾個，包括一個

心理治療師。他媽媽一直到彌留之際都沒有告訴他這個祕密，但他尊重媽媽的這個決定。到現在，他結婚生子，事業也很好。

我們來思考一下：我們做父母的是真的擁有我們的孩子嗎？孩子真正的父母是誰？是更大的生命之源透過我們把孩子帶到這個世界。所以在某種意義上，作為父母的我們，只是背後這個更大的生命、更大的宇宙能量的媒介。

對於每個孩子來說，不管父母是誰，他們的生命都來自那個宇宙更大的生命力。每個孩子的人生都是一個很特別的過程，這個過程需要去經歷和學習。當遇到我們不知道的祕密時，我們要保有一份尊重。只有帶著這份尊重，跟這個祕密和平相處，它在適當的時候才會自己敞開，甚至可以成為支援我們的力量。

生命的源頭，沒有人知道是什麼，那是我們所有人的父母，無以名之，先賢老子強為之名，說是「道」。然而最特別的是，我們無法直接從這個強大的生命力量中誕生出來，只有透過我們的父母，我們才得以擁有生命，如同他們也只有透過他們的父母才能來到這個世界。上上一代也是一樣，每個人的父母都是他們最特別、最正確的父母。一個無法接受父母的人也就難以接受生命給予的一切豐盛，只有透過一代代父母生命的傳承，我們才能連結上

生命的源頭，連結上「道」——而這就是生命的奧祕。

連結生命的源頭

　　現在，我邀請你來進行連結生命源頭的內在引導。這個內在引導排列幫助我們重新連結生命源頭，當我們需要支援時，無論是建立穩定的兩性關係、親子關係，或者是面對人生、事業上的巨大挑戰，我們都能從中獲得強大且源源不斷的力量支援。

　　　　請以一個端正的姿勢坐著

　　　　雙腳感覺大地的支持

　　　　回到你的中心

　　　　想像父母站在你的後面

　　　　想像他們的樣子

　　　　在你的父母後面站著他們的爸爸、媽媽

　　　　也就是你的爺爺、奶奶、外公、外婆

　　　　再往前追溯

　　　　在他們的後面也站著他們的爸爸、媽媽

　　　　也就是你的曾祖輩

就這樣

每一個人背後都站著他們的爸爸、媽媽

一代一代往前追溯

往前追溯到你的先人們、祖先們

每一個人背後都站著他們的爸爸、媽媽

在你的背後站著千千萬萬的祖先們

往前追溯

繼續往前追溯

你可以感覺到在你背後站著無數的人們

往前追溯

繼續往前追溯

最後追溯到生命的源頭

你可以想像那是無限巨大的光明

金色的光、白色的光

超越時空、無限燦爛

那裡是生命的源頭

你可以想像生命透過光的連結

進入你身後──你的祖先們的心

生命就這樣一代一代傳下來

傳給你的祖先們

傳給你的先人們

生命以它的原貌

不增不減

一代代傳下來

傳給你的曾祖輩、祖輩、你的爸爸、媽媽

最後傳到了你的身上

感覺生命之光流入你的心

感覺你背後站著無數的先人們

生命之光流經他們的心

最後傳到了你的身上

記住這個畫面

記住

系統觀讀懂孩子

常見人際問題

爭強好勝

孩子爭強好勝的背後往往都是希望被看到，以得到更多的關注和更多的愛。如果家長可以引導孩子，把這樣的競爭力轉化為跟自己比較，孩子就會取得更大的進步。

當他跟自己比較時，家長需要更多地關注他，更多地讚賞他。這樣，就可以幫助他把這種跟其他人爭強好勝的比較心理，轉化為跟自己的比較，成為一種讓自己變得更好的力量。

畏縮

畏縮可能有不一樣的原因，有的是孩子先天的性格，有的是後天養成的，還有的是因為孩子承接了家族的一些恐懼情緒和不安全感。這三者都有可能引發孩子畏縮的情況。

被欺負

被欺負的孩子主要有兩種類型。一種是比較弱小，沒有安全感，缺乏自信，很焦慮、憂慮。這樣的孩子一般都比較愛哭，身體比較瘦弱，感情比較脆弱，很容易被人欺負。另外一種是因為他的言談舉止令人討厭。這樣的孩子常常情緒不穩定，煩躁不安，也不太懂得與人交往的技巧。他說話的時候該停停不下來，很容易讓對方覺得受到挑釁。這些孩子常常先惹怒別人、嘲笑別人，在激怒別人之後，被人報復，乃至被欺負。這兩類孩子，不管是哪一類，都要學習人際交往的技巧。他們要學會在被欺負的時

候保持冷靜，保護自己，不要反應過大，同時也要懂得尊重自己。

父母的身教也很重要。父母在生活裡要避免說別人的閒話或嘲笑別人，因為孩子的言行舉止其實是默默學習父母的結果。所以我們要反觀自己的言談舉止，教給孩子處理人際關係的技巧，讓孩子掌握與人相處的分寸感，知道什麼是可以做的、可以說的，什麼是不能做的、不能說的，孩子的人際關係就不會出現太大的問題。

愛欺負弱者

愛欺負弱者的孩子通常是因為心裡非常壓抑，需要透過欺負別人來獲得關注。他們需要被愛、需要有歸屬感，但他們往往沒有得到這份歸屬感，於是他們無法控制自己，只有透過欺負別人來逃避內在的空虛感。

這樣的孩子，通常家庭背後有許多的衝突與暴力。比如父母之間發生衝突、離婚，或者家族裡面有一些傷人、殺人等事件，或者有許多的情緒在這個家沒有正常地流動。

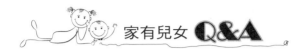

Q：我家孩子很容易被別人嘲笑，到哪裡都被嘲笑，被同學嘲笑、被不認識的人嘲笑，坐個公車也會被嘲笑。我真的是沒辦法了。

A：孩子的確有一些行為可能會被嘲笑或被戲弄，但很多時候，這些嘲笑或戲弄是可以避免的。你要幫助孩子區分哪些行為是他能夠避免的，哪些是他沒有辦法改變的。

比如，如果你的孩子因為長相而被嘲笑，那是他無法改變的，但你仍然可以教他用一些方式回應那些嘲笑，比如用幽默的方式先聲奪人：「好看嗎？再看要收錢嘍！」但如果因為他的某些行為習慣或者衛生習慣而被嘲笑，他是可以有辦法自行改善的。請參考本章的練習，多和孩子進行角色扮演，找出孩子覺得適合他的應對方式。

如果你的孩子在任何地方都被嘲笑，那就要好好去思考、去面對，身為父母的自己是不是做錯了什麼，承認自己的錯誤，從中吸取教訓，繼續往前走。如果別人對孩子的嘲笑和戲弄確有原因，我們就要幫助孩子

從他的錯誤中學會成長。你可以教孩子對嘲笑他的人說：「是的，你說得對，下次我會改正。」你要鼓勵孩子，讓他學會去真正面對一些事實。這樣孩子就能夠進步，他的自信和自尊也會不斷得到提高，在人際關係上也會越來越成熟。

Q： 我的孩子非常孤僻，從小到大，到哪裡都獨來獨往。老師跟我說，他在學校幾乎沒有朋友。我有時甚至擔心孩子會不會有社交恐懼症。

A： 首先你要瞭解孩子的心理狀態，要找機會真正進入孩子的內心去深聊，這對你來說非常重要。如果你都沒有辦法成為孩子的朋友，他又能透過什麼途徑去交自己的朋友呢？所以，讓自己成為孩子第一個可以交往的朋友，這是孩子人際關係很重要的一步。

同時要考慮到，在你們的家庭裡面，是否受到過去系統能量的影響。比如，這個孩子是不是你們唯一的孩子，在他的前面或後面是不是有一些小孩沒被生下來，或生下來被送走了。通常有這樣狀況的家庭，留下來的那個小孩會特別容易感到孤單。他會比較靦腆，不懂得怎麼跟人交往。

瞭解了孩子的心理狀態，調查了家族系統的能量後，

我們要做一些調整。調整之後教育孩子一些具體的與人交往的技巧，去幫助孩子交朋友。你們可以透過角色扮演的方式與孩子練習如何交朋友。

你們可以與孩子討論，他爲什麼沒有辦法融入其他孩子當中，出現了什麼問題。瞭解這些情況後，再做一些角色扮演排練，讓孩子學會與人互動的技巧。之後，你們要教孩子如何觀察身邊的夥伴，看一看這些人裡面哪些是看起來比較友好的，並優先選擇與友好的人交朋友。再者，教孩子等待合適的時機加入其他孩子的遊戲。

在進行角色扮演的過程中，你要盡可能細緻地爲孩子做示範，讓他能夠準確地理解這個過程。平時也要讓孩子自己多練習，並且給予正面積極的回饋，讓他更有自信心去面對這一切。同時，引導孩子自我覺察，即時改進自己的行爲和態度。

Q：我孩子才 10 歲，在學校跟老師頂嘴，各種硬碰硬。我經常被叫到學校挨老師的訓。孩子打也打了、罵也罵了，都沒用。真不知道該怎麼辦。

A：跟孩子聊一聊，看他到底發生了什麼事，不要只是打和罵。孩子不是一天就變成這樣的，一定是累積造成

的。從你的描述看來，你孩子的內在似乎有一些憤怒的情緒被壓抑著。我們要反觀自己，孩子會變成這樣一定是在家庭裡面的點點滴滴導致的，要「行有不得，反求諸己」。

通常孩子出現這樣的問題是兩個因素導致的。第一個就是家庭教育，也就是父母自己的身教，尤其是夫妻之間的關係。夫妻之間有沒有尊重彼此？雙方關係是不是平衡的？如果一方比較強勢，另一方比較弱勢，或者存在一方欺負另一方的情況，孩子往往會承接欺負一方的憤怒情緒。他可能沒有直接在家裡發洩出來，而是把這個憤怒帶到學校，對老師或同學發洩出來。

第二個是承接來的情緒。在家族裡面如果有一些事情沒有面對，這些事情也會給孩子帶來莫名的情緒。所以，我們要去探索，家族裡面是否有什麼沒有被面對的事情。

總之，我們要反觀自己，認真去調整。這樣對孩子才會有正面的幫助。

Q：我有時候懷疑我的孩子沒有同情心。他經常喜歡戲弄那些比他弱小的同學。如果是兩、三歲還可以說是不

懂事，但他現在都 14 歲了還這樣。他們班有個同學手有點殘疾，有次他竟然故意把這個同學鎖在教室裡兩個小時，害得這個同學連午飯都沒吃。

Ａ：你要重視孩子的心理，因為他似乎不瞭解，他所做的事會帶來什麼樣的後果。你要幫助孩子意識到問題的嚴重性，並讓他理解，如果別人也這樣對待他，他會有什麼樣的感覺。

你要幫助孩子設立界線，但不要用長篇大論去說教。仔細去看看你們自己的家庭關係，到底發生了什麼事，家人之間有沒有很好地溝通，彼此之間有沒有壓抑的情緒，因為你孩子的這些異常舉動似乎是在釋放他的某些憤怒和攻擊性。你要去尋找孩子情緒和行為背後的能量。

你還要去瞭解在孩子的成長中，是不是曾經被別人欺負過；或者他心裡面有什麼樣的心結、不安、無助是需要透過戲弄同學而發洩出來的。

引導你的孩子把他旺盛的活力與聰明，以健康的、陽光的方式釋放出來。比如，給他安排一些體育活動，田徑運動、各種球類、跆拳道、舞蹈等。有機會的話，讓他結交一些好的朋友，把他的能量往正面的方向引導。

如果做完這些，孩子的情況還是沒有改善，甚至惡化的話，那就要尋求專家協助。尤其要探索家族系統的動力，還有他的內在心理狀態，更深入地去瞭解他、引導他，讓他朝向好的方向發展。

Q：我家孩子就愛跟壞孩子玩，什麼考試不及格的、上學老遲到的，他的朋友都是這種，一個成績好的孩子都沒有。我越不讓他跟那些孩子玩，他就越跟他們走得近。

A：當孩子在家裡沒有得到歸屬感的時候，朋友對他的影響力就會變得很大。因為他在朋友那裡可以得到一種歸屬感。這時候他所交的朋友，帶他做什麼他就會去做什麼。對青春期的孩子來說，朋友的影響力是巨大的，甚至會影響孩子的判斷力。如果是這種情況，父母親就要好好反省自己，要讓孩子在家裡感受到溫暖、感受到歸屬感。爸爸、媽媽都要跟孩子有一份連結。當孩子從家裡得到了這份歸屬感，外面朋友對他的影響力就會降低。

第二步就是協助他多交幾個好的朋友。當孩子完全從少數朋友身上，或者一個小團體身上去找尋歸屬感的時候，他們對孩子的影響就會變得很大。多交一些其

他朋友，讓這些壞朋友的影響力被分散。待孩子有了
自己獨立的判斷力，他便可以分清好壞、對錯了。

練習 1.教孩子交朋友，加入新團體

　　對某些孩子來說，要交朋友很容易，而某些孩子則不然，他會用一些不太恰當的方式來試圖加入一個新團體。以下提供一些方法，讓你幫助孩子更有效地加入新夥伴當中。

第 1 步：觀察、等待、判斷。先看他們在做什麼，說什麼，以判斷和選擇可以加入的團體。那些安全、友善、公平、相互合作的團體是可以加入的；反之，玩危險遊戲、野蠻、不友善、沒有合作精神的團體就不要加入。

第 2 步：尋找友善的面孔。如果能找到一些友善、面帶微笑、容易接近的孩子，那麼你的孩子就比較容易按照自己的步調加入這群孩子裡。

第 3 步：預先想好如何接近。可以問：「我能一起玩嗎？」有的孩子什麼都不說，只是跟著大家一起玩遊戲。父母不用刻意讓孩子做自我介紹，孩子們一起玩過、慢慢熟悉之後，就會彼此瞭解，順利加入群體了。

第 4 步：讓孩子自我覺察，理解夥伴們對他的看法。你可以在每次他和夥伴們的社交活動之後，與孩子回

顧討論他的感受和表現。

第 5 步：和你的孩子用「角色扮演」的方式練習以上技巧。有個小技巧是，當你和孩子做「角色扮演」的練習時，可以互換角色，將孩子的表現展示給他看。這樣可以有效幫助孩子看到他的行為對別人的影響，對改善他的自我覺察力有很大的幫助。

第 6 步：給予孩子正面的、建設性的回饋。不要用打擊孩子的語氣評論孩子，比如：「如果你老是用這種方式和新夥伴玩，沒有人會想跟你玩！」要多用正面描述，比如「××（孩子名），我看到你很有勇氣地接近那些小朋友，我喜歡你用友善的語氣表達你想和他們玩的念頭。」在這之後，再提出建設性的意見：「下次你可以面帶微笑地看著他們，不要看地面，這樣他們一定會更歡迎你！」

2.如何面對其他孩子的嘲笑戲弄

首先，和孩子一起討論關於他被嘲笑或被戲弄的話題。不要簡單地告訴他「不要在意別人的嘲笑」，這樣是沒有任何實質性的幫助的。你要花一點時間，在他狀態比較好的時候，找一個沒人打擾的空間，帶著耐心和同理心，以平和的心態與他討論這件事。如果你的孩子沒有立刻回應你，或者他否認所遇到的困難，那你可以告訴他：「你什麼時候想跟我說，隨時可以告訴我。」要讓他從你這裡感受到支持。

當他告訴你一些事情的時候，專心地聽他說，不要過多評論，或者表現出自己的難過。你可以保持一個平和中立的態度去瞭解發生的事情，但不要著急著給孩子提供解決辦法。

當得知自己的孩子被嘲笑和戲弄，你心裡會很難過，甚至想要馬上去制止。但有時候，你的介入並不會解決問題，更重要的是你無法教會孩子以後如何應對別人的嘲笑。在漫長的人生旅程中，孩子可能遇上各式各樣的事情。如果我們能給孩子一些方法，讓孩子學會自己處理這樣的嘲笑和戲弄，那麼，勢必會對他的成長幫助更大。

我們可以做一些簡單的練習：

第一，角色扮演。你可以扮演嘲笑與戲弄孩子的人，與孩子共同找出一些應對方式。

第二，一笑置之，忽略對方，迅速走開不理睬。因為在回應之後，孩子們經常會忘記要立刻走開，他們往往還在等待對方的回應。這樣做很容易會讓嘲笑繼續下去。你要提醒孩子在反擊之後必須走開，這樣他就能夠掌控主動權。

第三，給嘲笑者一個很冷漠的臉色，表現自己的自信態度後走開。

第四，學會一些反擊的話語，說完之後立刻走開。例如：

「對啊！」

「真無聊！」

「是這樣啊！」

「真的嗎？那又怎麼樣！」

「真無聊，這些我都知道了。」

「有好玩的事再告訴我吧！」

「該說的你都說了，我還有什麼好說的。」

教孩子用幽默反擊嘲笑，這並不代表要讓孩子反過來嘲笑或激怒對方，而是要削弱嘲笑者的力量，讓嘲笑者看到嘲笑並不能使對方感到難過。

　　第五，尋找有大人的場所。被嘲笑的時候告狀通常不是好的解決辦法，除非孩子被欺負或受到傷害。因為愛告狀通常又會成為被嘲笑的原因。但有一個好方法是，讓孩子去尋找有大人在的地方玩，例如在老師附近玩耍。因為如果有大人在場，嘲笑者通常不得不中止嘲笑。而這種方式也不會讓他們把你的孩子看成是愛告狀的人。

　　第六，結交合得來的朋友，避開嘲笑你的人。鼓勵孩子結交正直的、友善的、不會嘲笑他人的朋友。如果孩子有一群朋友，別人自然也就不會嘲笑他了。這也是孩子歸屬感的需求。

　　第七，如果對方太過分，要告訴老師或家長。尤其受欺負的情況較嚴重時，比如有肢體暴力、物品被損壞、恐嚇、勒索、孤立、語言暴力或情感暴力等時，家長要考慮適時介入。

　　下面的漫畫完整地展現了孩子交朋友和應對戲弄、嘲笑的技巧。

交朋友

可以先找那些面帶微笑的孩子打招呼。

好的，媽媽，我記住了。

嗨，妳好，我可以跟妳一起玩嗎？

當然。

妳那樣弄不好玩，照我的方式。

這是我的橡皮筋，我不要那樣玩。

怎麼哭了？發生什麼事了？

我認識的新朋友不理我了，她不照我的方法玩。

如果妳想讓妳的朋友按照妳的方法玩，首先妳要按照她的方法玩。想想看，她如果非要妳按照她的方法玩，妳也會不開心的，對不對。

嗯，我知道了，下次見面，我要按照她的方法來玩橡皮筋。其實她的方法和我的也差不多。

面對戲弄和嘲笑

CHAPTER 6

孩子的疾病
在說什麼

「媽媽，請妳看見我，而不僅僅看見疾病。」

「我愛你，我願意陪著你，為你分擔。」

看見孩子，而不只是看見疾病

相信絕大部分的人都生過病，在各種生病過程中，疾病究竟想告訴我們什麼？我們要學到什麼？孩子的疾病又在說什麼？

疾病不只有身體症狀，還有許多其他因素，因此，需要用完整的視角去瞭解。我把疾病的原因分成幾種：（1）生活和飲食習慣，（2）生理遺傳因素，（3）心理因素，（4）性格因素，（5）家族系統因素，（6）社會集體與生態系統因素，（7）因果失衡。

前兩種因素，許多專家已經有很好的研究，我們只要有覺知地生活、健康地飲食，許多病就可以避免。但是很奇怪，即使人們的頭腦知道要如此，但還是有不少人選擇不健康的食物或生活方式，為什麼呢？其實這也是對家族的一種忠誠，遵循著家族的生活與飲食習慣——比如頓頓大魚大肉或吃得很鹹——即使這樣會使人生病，但為了滿足歸屬感的需求，人們仍會無意識地跟隨；如果不做和家人相同的事就會產生罪惡感。因此，追根究底，不管是生活和飲食習慣、生理遺傳，還是心理所造成的疾病，都跟家庭密切相關。

本章將以全面的角度，特別是心理、性格、家庭與家

族系統、社會與生態集體系統等方面去瞭解。然後你會發現，這些因素對孩子的疾病有著極大的影響，尤其孩子12 歲以前的疾病，受家庭的影響最大。這也是近代系統心理學家、全息醫學[註] 專家與系統排列專家們研究的最新領域。

媽媽，請你看到我

在德國，有個腦性麻痺的孩子，媽媽為他的病四處奔波，很辛苦也很憂愁。有一天，這個孩子對媽媽說：「媽媽請你看到我，不要只看到我是個腦性麻痺的孩子。」媽媽聽到孩子的這句話很震撼，因為她確實只看得見孩子的病，完全忽略了孩子這個人！於是，這位媽媽認真地看著孩子的眼睛，一字一句地對孩子說：「孩子，你是我的孩子，在我眼裡，你不是什麼病人，你只是我的孩子。」片刻後，孩子也鬆了一口氣。

當孩子生病時，請父母調整好自己的角度、心態，不

註：1981年，中國大陸學者張穎清教授，提出「生物全息律」，指出生物體的某局部能反映整個生物體的訊息，此觀點在海內外引起極大迴響，開創了全息生物學的里程碑，也為古典中醫的許多觀察結果作了絕佳的註解。

要只看到他的病，還要看到孩子，看到他們的靈魂，他們純真的樣子。如此，才不會放大病症，而是能真正看見孩子的全貌，一個完整的人。如果我們能從「病症」到「人」到「天賦特質」一步步看見孩子，就會發現他是一個活生生的人，一個純淨的人，有著純淨的心與靈魂的人。

有一次我和一位患有癲癇症的孩子互看。在此之前，他的媽媽一直強調孩子的情緒問題，也一再提到他的病症，我打斷媽媽，問她：「除此以外，妳還看得到孩子什麼？」媽媽說不出話，於是我就為她做了一次示範。我跟孩子面對面，彼此認真看著對方的眼睛。我們相視的時間只有 10 秒，但這短短 10 秒，孩子被看見了，當下紅了眼眶。看與被看，其實都是心靈的釋放。這個孩子之所以會被感動，那是因為他心裡知道：我「這個人」終於被看到了，而不是我的病。當我們能看見對方，再回到病痛中就能對彼此多一點體貼和理解。

每個孩子，不，應該說是每個人都需要被看見啊！如果沒被真的看見，人活著就會覺得價值感變低。所以，真誠地去看著你身邊的人的雙眼，讓他們知道「我看到你了」是重要的。

我愛你，我願意陪著你，我願意為你分擔

我觀察到很多時候，孩子的疾病反映著家庭系統裡面發生的某些事件。因為孩子不知如何應對，於是就在潛意識裡透過身體表現出來。比如經常爭吵的家庭中，孩子看見爸爸、媽媽吵架，他的內在想幫助父母和好，但又不知如何做，於是他就生病了。因為他們的潛意識發現，只要自己生病，父母就不吵了。我遇到過許多生病的小孩，並且發現在這些孩子的疾病背後，往往有著想要表達給父母的心聲，反映著家族系統要告訴我們的事。因此，父母真的要認真反省自己。

著名企業家王永慶先生建了一所大型兒童醫院叫長庚醫院，他們連續 6 年都邀我去醫院為患兒與家長們授課。長庚醫院有個坐著輪椅的小女生，她大概 10 歲左右，笑起來很可愛，因為雙腳突然無法行走而住院。可是，醫院一直查不出原因，醫護人員們雖然盡心地照顧她，但這個孩子依然無法離開輪椅。更奇怪的是，她先前沒有發生過任何意外，也沒有得過什麼重大疾病。

當我在輔導這個小女生時發現，她無法行走的問

題跟她的父母有關係。小女孩的爸爸在她很小的時候就過世了，但媽媽一直不願意面對丈夫過世的事實。於是，生活上碰到任何狀況，媽媽的身心乃至生活就全部停擺，困在低潮裡，怎麼也沒辦法往前走。這樣的情緒一路累積，於是孩子也沒有辦法走路了。

走路是什麼？是往前走！可見，心理因素也會影響身體。媽媽無法接受丈夫的過世，孩子也跟著無法接受。媽媽沒辦法往前走，孩子的內心深處想幫媽媽承擔，於是就生了一個「無法走」的病。

我提醒媽媽，如果她不能面對丈夫離去的事實，這個家就無法前進，孩子也不敢行動。內心的改變需要勇氣。在排列中，媽媽一直不願意看向逝去的丈夫。我讓全場的夥伴一起，手牽手，給她一種鼓勵的能量，直到媽媽終於願意接受丈夫的過世。她終於將壓抑的情緒釋放出來。

就在媽媽願意面對丈夫過世的同時，孩子的身體也有了反應，她在我們的攙扶下慢慢地向前走。最後，她終於走到爸爸的代表身邊，陪著媽媽一起面對爸爸的過世。要知道，在這之前，孩子從來不願意離開輪椅——她就一直坐著，直到媽媽願意看爸爸，願意接受爸爸的過世……

為什麼媽媽不願意表達這份失去丈夫的悲傷？因為如果表達這份悲傷，她就要讓她的丈夫真正離開了。但不這麼做就違背了事實法則與流動法則，讓整個家的情緒滯礙不前，就像凍結住了一樣；孩子在不知不覺間承接了這種凍結的情緒，最終生出了這種無法行走的身心症。這種身心症往往從身體層面是查不出原因的。那天，媽媽第一次真正表達出對丈夫過世的悲傷。她的情緒流動了，創傷也開始被療癒，生命力重新開始流動，孩子身上凍結的情緒與生命力也開始流動。

小孩的疾病是一種愛，一種盲目承擔的愛。

過動孩子的背後，是充滿爭吵與衝突的家

這位母親，名叫寶麗。她說兒子把自己關在房間裡，不跟任何人說話，要他出房門吃飯，他也不肯，這種狀況已經持續了好幾個月，作為母親的她一直焦慮不安。她甚至為了孩子辭去工作，留在家裡全心全意照顧他。

因為父母長年在外工作，這孩子從 1 歲開始就被送到外公、外婆家，直到要上小學了，才被父母接回

身邊。上學後，這孩子經常被老師批評注意力不集中、行為不規矩等，因此，寶麗常常被叫去學校。一開始孩子只是蹺課，最後卻演變為休學在家。小學五年級時，孩子被醫生診斷為「兒童注意力不足過動症」。

聽完寶麗的這些敘述，我問道：「孩子的外公、外婆關係怎麼樣？經常吵架嗎？」

「他們關係一直都不好，常常吵架。」寶麗毫不猶豫地回答。

「那妳和丈夫的關係怎麼樣？」

聽到這個問題，寶麗有些猶豫，似乎有意迴避，看得出來，她與丈夫也常吵架。她解釋道：「因為兒子狀況不斷，所以我們也一直都在努力修復夫妻關係。」

孩子想集中精神，他想讓自己安靜下來，但沒有人允許他這麼做。上學前是每天看著外公、外婆吵架，不知道該怎麼辦；上學後，又是爸爸、媽媽每天吵架，他更是不知所措。家裡的人都是對立的雙方，一會兒要聽外婆的，一會兒要聽外公的；爸爸、媽媽也一樣，沒有統一、和諧的時候。這種狀況下，孩子永遠不可能集中注意力。

「那你丈夫的原生家庭狀況怎麼樣？有發生過什麼重大事件嗎？」我問道。

「我丈夫的大哥 16 年來一直待在家裡不出門，我兒子現在的狀況跟他大伯一模一樣。我丈夫的爸爸，也就是孩子的祖父，是被抱養的。丈夫的祖父，也就是孩子的曾祖父，是被人殺死的。」

瞭解了孩子父母兩方原生家庭的諸多情況後，我們進行了家族系統排列，排出孩子、父母、大伯、祖父、曾祖父，還有加害者。在排列過程中，我看到孩子的情緒一直都很激動，很害怕，大聲喊叫。他一直想要保護曾祖父，對加害者非常恐懼。

透過這個排列，我們看到了家族中謀殺事件對家族成員的巨大影響。而這個家庭裡又包含了一種更分裂的對立，受害者與加害者之間的對立。唯有消除這些對立，才能夠幫助孩子保持安穩的情緒。在我的引導下，隨著曾祖父與加害者之間的和解，孩子的情緒真的逐漸平復、安靜下來。

排列結束後，我給了寶麗一些關於和解的建議：「妳要陪著妳丈夫，帶著兒子，一起為過世的曾祖父及加害者做些紀念之事，祝福他們安息。還有，你要常常牽著丈夫的手跟兒子說話，讓他可以從同一個方

向看到父母站在一起。最重要的是，你們對孩子的管教要先達成一致，就算一開始意見不同，也要經過討論後達成共識，並且貫徹這個共識，確保用同一種方式教導孩子。這些父母和諧、統一的畫面，都可以為孩子穩定情緒，提高注意力。」

「好！我一定會去做的！」寶麗肯定地點頭。

兩週後，這位母親寫了一封信給我和當時與她一起上課的夥伴。信上寫著：「親愛的家人們，一天愉快！今天，我們終於和兒子一起出門了！長久以來，兒子把自己緊鎖在房間裡，不出門、不說話、不吃飯、瘋玩電腦，讓我近乎絕望。但是，萬萬沒有想到，這次工作坊的課程結束後，兒子居然同意和我們一起出門了！這讓我感覺很意外。想到在周老師和家人們共建的場域中，兒子（代表）與家族裡衝突的雙方、謀殺的對立方達成和解時，逐漸從情緒激動轉為平靜安穩，這讓我很有感觸，也很感動。

兒子出門後，雖然沒有說話，但是我們能感受到他內心的感觸。而且，兒子還和我們一起去見了外公、外婆。7 歲之前，他都是在外公與外婆不停的爭吵中長大，他已經有 8 個月沒去看外公、外婆了，實在沒有想到這次他真的同意去了！

在我心裡，無論怎樣努力都無法抱住爸爸和媽媽，今天我做到了。我向爸爸道歉說：「爸，我錯了。」昨天與爸爸和解的過程中，我突然間發現我不再恨我的爸爸。我可以抱住我媽媽了，我還親了她一下。四十多年了，我從來沒有過。過去我總感覺自己沒有媽媽……」

解說：家裡誰在生病

不少家族遺傳性疾病，比如過敏性氣喘，並不是家族裡所有的孩子都會遺傳。什麼樣的人會遺傳到家族疾病呢？我發現，有兩種人。一種是小時候體弱，但長大後卻成為家族裡面的英雄；另外一種是特別受家庭寵愛，得到這個家最多的愛，所以也需要為這個家承擔最多。看得出來，遺傳家族疾病的孩子，他們對家庭更忠誠、更願意為這個家承擔。

其實，孩子可以用不同的方式來與這個家庭連結，而不是生病。他們可以用一種更健康的方式來遺傳、連結這個家族好的基因。

我有一個小學員，10 歲，過敏性皮膚炎，雖然一直治療，但是反反覆覆總是不好。在工作坊，我引導他與爸爸的優點連結。我問她：「妳像妳爸爸好的地方是什麼？

妳想五個。」她說：「我跟我爸爸一樣都有想像力、幽
默、做事很有熱情、人緣很好、很有創意……」當我為她
做完個案支持之後，很久都沒有進展的治療一下子有了變
化。同樣的治療處方下，不到兩週，她的皮膚炎好很多；
兩個月後，皮膚竟然完全恢復正常狀態。

　　孩子會敏銳地感覺到家裡的狀況，並以身心的變化反
映出來。孩子的疾病是在說：「我們家違背生命運作的法
則了！」這時候我們要做的，不僅是解除孩子身上的病痛
或症狀，更要看到自己需要調整什麼，我們這個家要學到
的是什麼。唯有如此，疾病才不會生得不明不白，我們所
受的苦、所付出的代價才變得有意義。如果沒學會，下次
可能還會出現。真正的康復意謂著我們與生命運作的法則
和諧一致，我們再次與生命的大力量和諧同行。

愛阻塞，所以心也阻塞

　　接下來，我們來看更大的系統，社會集體系統也會對
孩子產生極大的影響。當身處某個社會集體中，我們往往
難以察覺到這些集體觀念對我們的影響，最典型的就是重
男輕女。有些人頭腦裡知道它是不恰當或不公平的，卻不
知不覺跟著做，這就是對集體系統一種無意識的盲從。說

穿了，這也是人們對集體系統的歸屬感需求。就像許多女性自己曾深受重男輕女之苦，但也這麼對待自己的兒女。以下就是一個實例。

　　我在新加坡的工作坊曾經來過一對母女，媽媽心臟不好，曾經因為心臟堵塞做過兩次心臟手術。醫生告訴她，可能需要進行第三次心臟手術，但這次手術可能危及生命。女兒阿霞也有自己的問題，她體重超重，心臟不好，跟弟弟相處也不融洽。她覺得媽媽偏愛弟弟，所以什麼事情都要跟弟弟爭。

　　課堂上，我讓代表把媽媽與女兒的關係排出來，兩個人離得遠遠的，阿霞明顯對媽媽有很多情緒，媽媽也不太願意看女兒。似乎是媽媽的問題引發了阿霞的問題。

　　「你的家庭怎麼樣？妳跟媽媽的關係怎麼樣？」我問媽媽。

　　「是指生我的媽媽嗎？」

　　「是。」我點頭確認。

　　一提起自己的親生母親，媽媽柔和的臉部線條緊張了起來：「我家有三個孩子，哥哥、弟弟還有我。小的時候家裡面很窮，我爸媽特別重男輕女，他們留

下了哥哥和弟弟。」說到這裡，媽媽抿了抿嘴，「他們把我賣了。賣到第一個家庭，那家人嫌棄我長得醜，又把我轉賣到第二家。那時候，我很恨我的爸爸、媽媽，我心裡有一個願望，希望長大後拿一堆錢砸到我爸媽臉上……」雖然媽媽竭力使自己的聲音保持平靜，但拿著麥克風的手卻在微微發抖。

我在場中加入了媽媽的親生母親，阿霞的外婆。外婆一上場，媽媽立刻轉過來，把後背留給了自己的母親，她根本就不願意看母親。阿霞的外婆只能無奈地看著自己的女兒。

我問媽媽：「收養妳的那戶人家，他們的家庭狀況怎麼樣？」

「養父母經濟狀況不錯，他們對我很好。所以我後來的生活，包括經濟狀況，都越來越好。我接受了很好的教育，成立了自己的小家庭。我跟丈夫的感情也不錯，還生了一對兒女。」

「那留在家裡的哥哥和弟弟呢，他們的生活狀況如何？」我又問。

「他們過得還湊合，當然都沒有我過得好。」

「依你看，妳媽媽為什麼把妳送到別人家裡？」我要引導她看到事件表像背後的深意。

「因為我是女孩。」

「不不，不是的。」我連連否定，「是因為妳媽媽想要妳活下來。妳媽媽想讓妳在一個富裕的家庭裡生活下去。而且，她辦到了。妳不但活下來了，而且在一個經濟條件好的家庭裡面生活得很好。」我頓了頓，留一點時間給她思考，接著說：「妳看看妳現在的人生，跟兩個兄弟相比，是不是不一樣？妳媽媽是為了讓妳活下來才這樣做的，妳看到媽媽對妳的愛了嗎？」

媽媽聽了我的話，若有所思地點點頭。我繼續問她：「當妳被送走後，是不是減輕了他們的負擔？」她又若有所思地點點頭。

我說：「這也是妳對他們的愛。」

當母親對她的愛，還有她對父母的愛重新被看到，送走這一件事就不再是一種遺棄與排斥，而是一種彼此間愛的表現。終於，她開始慢慢轉身，面對她的母親，眼眶有點泛紅。

幾十年過去了，她終於第一次願意看一看她的母親了。

接著，我對她說：「妳知道心臟病代表著什麼嗎？心臟病代表著心中的愛沒有辦法流動，心中的愛

阻塞了。事實上，妳是愛媽媽的，但是妳的愛阻塞了。就如同妳的女兒阿霞也是愛妳的，但是她的愛也沒有辦法流動。所以她心臟也不好。妳想要妳的心臟變好嗎？妳想要妳的女兒也跟妳一樣，未來需要做心臟手術，甚至危及自己的生命嗎？」

媽媽立刻堅定地否認：「不，我不要！」

「那今天是機會了。妳好好看看妳的媽媽。」我溫和地看向她，讓她感受到我的支持。在我的引導下，她一聲聲地叫著「媽，媽，媽……」她的眼眶越來越紅，越來越濕潤。

「看著妳的媽媽，走向她。」我再次引導。

幾十年的阻塞、幾十年的習慣性仇恨都讓她的每一步變得艱辛無比。她似乎足有千斤重，完全無法抬起自己的雙腳。場中的夥伴們都站了起來，手牽手，為她加油。好幾分鐘後，她似乎承接到大家的力量，慢慢開始挪動自己的腳步。

一步、兩步、三步……她一點一點向母親靠近，儘管非常緩慢。是的，無論仇恨有多少、誤解有多深，愛才是解開千千心結的唯一金鑰，沒有什麼能阻礙我們對愛的呼喚。

「媽，媽，媽……」阿霞的媽媽一邊喊著，一邊

抱住了自己的母親，淚水在臉上肆意縱橫。幾十年了，她從來沒有叫過親生母親「媽媽」，她用仇恨掩飾著自己對這份愛的強烈渴求。現在，這份愛終於流動了。

阿霞的外婆抱著女兒，淚流滿面地迭聲道：「對不起，對不起……媽媽非常想念妳，媽媽也是愛妳的……」

在擁抱中，阻塞了幾十年的愛終於流動了。她們抱在一起將近 10 分鐘。10 分鐘後，她們才慢慢分開，看著彼此的眼睛。在我的引導下，阿霞的媽媽對自己的母親說：「媽媽，謝謝妳讓我活下來，我接受我的命運。媽，現在請妳也重新接受我做妳的女兒，請妳重新看到我是妳的女兒。」

阿霞的外婆看著她，重新擁抱她：「是的，我接受妳，我看到妳了。妳永遠是我的女兒，我愛妳。」說完這段話，兩個人再一次相擁而泣。

在這個過程中，一直站在一旁的阿霞也慢慢靠近了她的媽媽。媽媽感受到阿霞的動作，轉過身拉著阿霞的手說：「女兒對不起，現在媽媽看到妳了。過去媽媽因為重男輕女而受苦，但是我自己也用重男輕女的方式來對待妳。女兒，對不起，今天媽媽終於明白

了，我的媽媽是愛我的，而我也是愛妳的。女兒，對不起，我愛妳。」

聽了媽媽的話，阿霞的眼淚一下子就流了下來，她緊緊抱住媽媽，對她說：「親愛的媽媽，謝謝妳接受我是妳的女兒，謝謝妳願意接受我是一個女孩。」

我知道，這三代人的愛在擁抱和啜泣聲中，流動起來⋯⋯

半年後，媽媽帶著阿霞來看我。媽媽氣色很好：「老師，非常感謝你，醫生告訴我，我的心臟不用再做手術了，它現在運轉得很好。阿霞也變得苗條了，而且她跟弟弟的關係也有了很大的改善。現在她更懂得怎麼做一個姐姐，而弟弟也懂得尊重姐姐了。謝謝老師。」

解說：重男輕女，從來無人從中獲益

很多女孩在媽媽肚子裡就不被歡迎，這真是一件不好的事情，會讓女孩有自卑感，使她不認可自己的性別、不認可自己的存在。長大後，她與男性在一起的時候，也會覺得自己天生就差一些，造成很多夫妻關係的失衡。

因為自卑，女性會拼命證明自己的價值，壓抑女性陰

柔的能量。她覺得自己必須變得跟男人一樣才是強大的，她不接受自己的女性特質，成為女強人、很陽剛，甚至比男人更陽剛。這種對女性特質的否定經常引發女性疾病，比如乳腺、子宮等器官的病變。

其實男性也並不會從重男輕女的觀念中獲益。當男孩成為這個家庭的「王子」，他享受了更多的關注，也就同時意謂著他必須為這個家承擔更多。這樣的男性，一種是成為家裡的英雄，承擔過多的家庭責任；另有一種情況是，他不堪重負，壓力讓他喘不過氣來，他變得脆弱不堪，甚至沒有辦法養活自己。

因此，要從我們這一代就開始改變重男輕女的情況，我們可以在心裡對我們的爸爸、媽媽與長輩說：「親愛的爸爸媽媽與長輩們，我尊重你們重男輕女的觀念，但是請你們祝福我；如果我用我自己的方式愛我的孩子，請你們祝福我；如果我不再用重男輕女的方式對待我的孩子，請你們祝福我。」

戰爭創傷對後代影響有多大

接下來，我們來談談社會集體系統中發生的重大事件，例如戰爭、饑荒、大遷徙等，會對孩子產生極大的影

響。我們以為，祖輩們的人生無論是波瀾壯闊還是平淡如井水，都不會對我們的生活產生什麼影響，但其實不然，祖輩們的經歷不僅對後輩們有影響，有時候這種影響還是非常巨大的。

有一對父女，他們感情很好卻經常有莫名的劇烈爭吵。後來我瞭解到，奶奶因為歷史的爭鬥事件悲慘地死去，這件事對整個家族而言是難以接受的不幸。這個過去的加害與被害尚未和解的衝突情緒，被後輩們承接了，被這對父女承接了。他們兩個，一個認同了受害者，一個認同了加害者，所以經常出現劇烈的爭吵。過去集體系統中的對立衝突重新在他們家上演。

如同孩子是家庭的鏡子，許多經歷過社會重大歷史事件的家族，也會反映出社會集體系統的隱藏能量。

有位叫趙慶的學員參加我的課程。她困擾於兩個孩子嚴重的尿床。大兒子已經小學五年級還經常尿床，剛上小學三年級的弟弟也常常尿床。

「在你的家族中，有沒有發生過什麼重大事件呢？比如與戰爭有關？」我問道。

她回答：「我的外曾祖父曾經是高級將領，在一場戰役中，由於他的指揮失誤，除他之外，他的部屬

全都遭遇不測。」

「這是一個重大事件，牽扯了許多人，影響到很多家庭。當時，那些部屬被殺死時一定非常害怕和恐慌！人們在過度驚嚇時可能就會小便失禁，也許你兩個孩子的尿床正是分擔著這個驚嚇的創傷。」

「我不明白，為什麼我的孩子會受到他們的影響？」趙慶問道。

「因為你的外曾祖父對他的部屬們有所虧欠，他的決定讓這些人陷入驚嚇並且喪命，而且他們每個人的家庭也因此陷入驚嚇。但你的外曾祖父活了下來，才有你們後代的存活。你們家族因此受益，他們卻都死了，這是一個嚴重的失衡，所以你們家族就承擔了這些失衡的後果。於是，你的孩子們就分擔了這個驚嚇。」我補充道：「像這樣一個嚴重的死亡失衡事件，往往會影響好幾代人。反過來說，如果祖先們有崇高德行，令人尊敬的祖德也能庇蔭子孫，甚至流芳百世。」

趙慶若有所悟地點點頭。

我望了望她腳下穿的長靴，問道：「你有沒有注意到，你的這雙靴子很像士兵的軍靴？這種靴子，在我們這裡應該不太常見。」

趙慶愣了一下，露出驚訝的表情。

我讓她把靴子脫下，放在她的面前，並請在座的學員中，所有穿靴子的人脫下靴子借給趙慶，讓她把這些靴子排成整齊的一排。

「這一排靴子，代表著那些因你外曾祖父而死掉的將士。妳可以想像一下，當時他們即將被殺死時的感受，那一定是非常驚恐的。現在，請妳帶著尊敬與愛，向他們致敬與道歉，然後再把靴子輕輕地放倒，表示讓他們躺下，得以安息。」

趙慶滿臉的恐懼，她告訴我，自己很害怕靠近那些靴子。可以想像，那些將士們在面對槍口、大刀時，知道自己正面臨著死亡，內心是多麼恐懼……慢慢地，趙慶流著淚，鼓足勇氣，雙手顫抖著，小心翼翼地放倒一雙一雙的靴子。

「戰爭經過這麼久了，如果我們是戰場上的戰士們，我們最渴望的應該是回家吧！而所有家庭與孩子們最希望的應該是和平吧！」

我帶領現場所有學員陪伴著趙慶，我們一起為她的外曾祖父與所有將士們祈禱，感謝戰爭年代所有將士們的犧牲與付出。

「所有親愛的戰士們，謝謝你們為理想而奮戰，

謝謝你們為這塊土地付出的熱血。正是因為你們的犧牲，才有了我們現在的和平年代。謝謝你們！現在，戰爭結束了，你們可以回家了。現在，讓我們帶著愛，療癒你們的槍傷、刀傷，在心中帶你們回家。現在，你們可以好好安息了！」

在場的所有人莫不紛紛落淚。不知誰起的頭，開始唱起來：「古老的東方有一條龍，它的名字就叫中國。古老的東方有一群人，他們全都是龍的傳人……黑眼睛、黑頭髮、黃皮膚，永永遠遠是龍的傳人。」

大家跟著唱起來，歌聲低沉而肅穆。在這裡，沒有戰爭，我們只關注「人」，我們都是「龍的傳人」。唯有愛，才能療癒戰爭的傷痕！愛，是宇宙間最大的療癒力！

幾週後，趙慶告訴我們，她兩個孩子尿床的情況竟然都改善了。她還將自己的心得寫成信寄給我們，其中有這樣一段話：

「再次感謝周老師、工作人員及每一位同學，讓我有機會透過孩子的尿床問題，看到這麼多因戰爭而犧牲的士兵同胞們！我發自內心地向他們深深鞠躬並祈禱他們在天之靈能夠得到安息！我也終於明白了，為何我原生家庭的成員對宗教信仰如此堅定。我年輕

時也曾經當過一年半的傳教士，因為我想要把平安、喜樂帶給每一個人，也常常在教會裡為那些已逝的祖先執行教儀。我想，這應該與那些含冤而逝的士兵、同胞們有關吧！謝謝老師、同學們的愛！」

解說：整體法則是解決衝突的核心

面對衝突有不同的反應方式，戰爭是最後迫不得已才會運用的方式。就目前的狀況而言，如果再發生一次世界大戰，可能就沒有辦法留給子孫一個乾淨的地球了，人類已經擁有了毀滅地球的能力。

如何從衝突裡學到更好的成長，這是所有人都要學習的一個課題。如果我們每個人都從自己的價值觀、利益出發看待問題，那麼衝突不可避免，分裂無法彌合。比如一對夫妻，如果彼此都堅信自己家族的信仰和傳統，不去接受對方的，他們之間肯定紛爭不斷。當一個孩子在這樣的環境裡成長，直至成為某個團隊的領袖，他就會用同樣的方式處理事情，進而引發更大規模的衝突。父母要以正確的方式為孩子示範如何處理衝突，而解決衝突的核心就是整體法則，讓接納和包容進入解決衝突的智慧中，超越個人，看到整體。當夫妻間出現不同意見的時候，看到自己

的價值觀，也看到對方的價值觀，真正站在對方的立場，設身處地考慮問題。所有衝突產生的原因都是因為捍衛自身權益，如果只看到自己，那麼對方肯定是錯的。有沒有想過，其實對方也只是在捍衛自己的權益？朝向對整體好的方向，透過溝通協調，才能更妥善的解決衝突。

同時，作為後代，我們不要捲入上一代的衝突和糾葛中。如果捲入了，我們很容易選邊站，變成裁判，甚至去復仇。冤冤相報何時了？尊重過去，尊重祖輩發生的事情，尊重他們付出的代價。我們不僅要同情自己的長輩，也要去祝福所謂原本的「加害者」（其實從另一角度來看，他們也是受害者），並祝福衝突裡面的所有人都能得到平安。當你的視角從個體朝向整體，那就是真的走向成熟了。

戰爭對世界所造成的影響總是深遠的，只是人們很難意識到而已。有幸透過系統排列，我們才有機會清楚看到，戰爭中如果有嚴重的失衡會如何影響到孩子。此時，我們要讀懂這些孩子的疾病是在告訴我們什麼？這些孩子的疾病是在說：「親愛的祖輩們，謝謝你們的犧牲讓我們現在能有平安的生活，現在戰爭結束了，你們可以安息了。」更重要的是：「親愛的人類兄弟們，讓我們學會和平相處吧！」

對不起，我們不該恣意傷害你們

我們處處可以看到生命的法則如何影響著我們，小到個人、家庭和企業，大到社會、國家和地球。因此，我們要能領悟生命的法則，因為生命法則就是生命運作的方式。如何領悟生命的法則？只有透過真誠謙卑。沒有一顆真誠謙卑的心，無法領悟生命的法則；唯有真誠謙卑的心，才能改變我們的命運。尤其在面對更大的系統的時候。

現在我們就來談談更大的系統──生態系統。我們人類是整個生態系統的一環，但除了人類之外，還有許多生物，因此生態平衡對整個系統而言是非常重要的。近年來世界各國都高度重視綠色環保的議題，這個地球以及我們子孫的未來都依靠著我們人類意識的覺醒──一份對自然、對萬物生命的愛。

愛護生命、珍惜資源，不因口腹之欲而任意殺害動物，並且適量不浪費地取用我們所需，是一種平衡的生活方式。但如果我們任意破壞大自然，肆意地傷害動物，或用慘忍的方式殺害牠們、吃不該吃的動物。不僅將會帶來嚴重的生態失衡，更可能引發大自然的反撲，動物們的報復。而我觀察到這些反撲的力量有可能會落到我們自己或

孩子們身上。其中因肆意殺害動物或吃不該吃的動物所引發的系統動力案例，會出現哪些情況呢？我觀察到首先孩子容易出現身心症狀，其次是大人常會有不孕或墮胎發生，第三就是兄弟姐妹容易失和。除此之外也有個人在金錢事業上的失敗，或有些人會出現身體上的疾病。因此，這類孩子的疾病是在警告我們：「我們要愛地球，不要再隨意傷害動物了！」

以下就是一個關於孩子的特殊疾病案例。

長庚醫院的兒童腦神經科資深醫師每年都邀請我到醫院，為她的病童舉辦系統排列工作坊以配合她的西醫治療，家長的反應都相當好，曾經有一個個案我印象很深刻：

一位媽媽帶著她的女兒小真到工作坊上，這個小女孩已經十歲了，但是卻只能發出「咿咿 咿咿」的聲音，主治醫生為她做了各式各樣的檢查與治療，但都未見好轉，我們透過系統排列來探索這孩子怪病背後的動力。

在排列場上孩子的代表縮在角落，手抱著頭，表現出畏懼的表情。我詢問爸爸、媽媽的家族歷史是否有發生過會令人畏懼的事，媽媽她想不起來。我觀察

著孩子的表情，突然我有個靈感，我問媽媽他們家是否有吃一些特殊的動物或者有殘害動物的事發生，媽媽突然間好像震了一下，她說她們娘家很喜歡吃猴腦。

吃猴腦怎麼吃？我曾經看過一個影片，就是猴子活著的時候把牠夾在一張有洞的桌子中間，用木槌把牠的頭殼敲開，然後用勺子當場挖猴子的腦來吃。相當殘忍。因為牠們的脖子被桌子夾住，只能發出「咿咿 咿咿」的聲音，我聯想到這個女孩小真也只能發出「咿咿 咿咿」的聲音，想到這裡我心裡一個震驚⋯⋯

我決定放手試試看，我選了幾位助教老師代表猴子，這些猴子代表不知不覺靠向孩子，張牙咧嘴直撲孩子的身上掐著她的脖子，用手敲打她的後腦勺，就好像當初猴子所受到的苦，現在從孩子身上反應出來。孩子的代表驚嚇地縮得更緊，抱著頭發不出聲⋯⋯

「唉！」我歎了口氣，心想難怪這孩子到 10 歲了還不會講話，而且還常常會莫名的頭痛。

這個媽媽看到當場的排列非常難過。

我感慨道：「妳想要妳的女兒平安健康長大，難道這些猴爸爸、猴媽媽不想他們的小猴平安長大嗎？

人們因為自己的口腹之欲，卻忍心傷害這些可愛的動物。唉！」

「我要怎麼幫我的女兒？」媽媽問道。

「妳要對這些被你們傷害過的猴子好好懺悔，回去後好好為牠們後代做一些保護動物的事。不要再傷害這些動物。」

媽媽從一開始的疑惑，到後來在這些猴子代表面前真誠懺悔，經過了好一會，看到這些猴子代表的攻擊性慢慢緩和下來，但是他們一直盯著媽媽看，看他們回去之後是否真心去做。看到這整個過程，所有工作坊參與者都非常驚訝，但是卻也開始有所反思……

過了一年，我再次到這家醫院指導工作坊，主治醫師告訴我，小真的媽媽回去後非常認真的配合，他們自己發願吃素，並且主動去做保護動物協會的義工。在醫師專業努力治療下，結合系統排列的支援，更重要的是他們家人下定決心改變。一年後，主治醫師在工作坊中報告病童們的情況：「X小真，11歲，已經開始會開口說話了。」

解說：更慈悲、更智慧的生命教育

生命是一個奧秘，我們不知道為什麼會生這樣的疾病，也不知道奇蹟什麼時候會發生，但是結合醫療與系統排列，加上當事人與家人真誠的意願與行動，我看到許多家庭與孩子真的發生令人感動的改變。

我們要覺悟，疾病是違背生命自然運作的結果。如果我們違背生命的運作，例如過度濫養、濫殺動物，破壞生態，也就破壞了生命的平衡法則，最後受反撲的不僅是我們，整個大自然都會受到影響。我們真的要特別重視這一點，從自己身上開始做起，好好愛護生命、珍愛地球。

每年我都去兒童醫院為腦神經科的病童與家長工作，我發現家裡如果有肆意殺害動物、吃不該吃的動物，或者家族中有一些謀殺或祕密事件，當孩子受到這類系統動力的影響時，有可能會引發一些疾病，如癲癇、自閉症、亞斯伯格症、過動症、妥瑞氏症、腦性麻痺等，以及一些醫院檢查不出原因的罕見疾病。其中癲癇是最常見的，我觀察到癲癇疾病背後的兩個系統動力，一是家族中的謀殺事件，二就是家族中有人用電擊的方式傷害動物或以此獲利，比如說用電擊殺魚，這都有可能令這個家的孩子承擔異常的腦部放電現象。

　　確實有些人從事殺動物的行業是為了謀生，那麼你工作時的心態就很重要。我們在面對幫助我們生存的這些動物時，只是把牠們當成生財工具，還是當成有生命的個體？我想如果能多一點點感謝的心，也許就會少一些貪婪與暴力。

　　聽說，過去漁民捕魚的時候，會把小魚都放回大海。有的有機農場，會多留一塊菜地，菜農跟蟲子說：「這十分之一是供養你們的，這十分之九是供養人類的」結果很奇妙，蟲害真的都在那給他們的十分之一的地方，其他那十分之九的蟲害就減少很多。所以找到人與動物彼此和平共處的方式，出發點就是心態，好的心態、好的心念就會帶來好的結果。反之，如果完全沒有把這些動物的生命當一回事，為了我們的貪欲來犧牲牠們就不妥了，我們也就得負起這些行為的後果。

　　我不是說我們每個人都要吃素，我所說的也不是宗教，而是一種態度、一種教育，我們要有覺知的飲食、健康的飲食，不要為了口腹之欲去隨便傷害動物。這是一種對生命的美的感知，一種對生態平衡的尊敬。除此之外，嘴巴的貪欲還包括浪費，比如吃飯點一桌子的大魚大肉，最後卻吃不掉就是一種浪費。

　　平衡法則，就是對生命的珍惜，對大自然的一種敬

畏。這與佛家所觀察的因果現象相互呼應，也與儒家所言
「親親而仁民，仁民而愛物」相互共鳴。因為我們對孩子
有愛，我們也要將這份愛推及萬物，這是一個天地萬物的
平衡法則，我們希望萬物怎麼對待我們的孩子，我們就怎
麼對待萬物。身為「萬物之靈」的人類是這個地球上的奇
蹟，因為我們學得很快，我們願意成長改變。當面對一切
生靈時，如果我們能變得更慈悲、更有智慧，這就是一種
靈性的提升，這就是一種生命教育。

內在排列
對世間萬物的祈禱

除了對彼此有愛之外，人越成熟，對大自然就越敬
畏，對萬物就越有愛、越有慈悲心。孩子天生就有慈悲
心，往往是成人使他們的慈悲心蒙塵。在這方面，我們反
而要向孩子學習。

目前的我們是非常富裕的一代，資源豐盛，物產豐
富，但許多時候我們不懂珍惜，肆意浪費。我們享了太多
福，多到快要把孩子們的福也消耗掉了。所以，為了我們
的下一代，我們有責任去多做一些珍愛生命、保護環境的
事。如果我們再不加強行動，孩子們就只能在電視裡、畫

冊中看青蛙和蝴蝶了。

　　所以，現在讓我們一起來為曾被我們傷害的動物們祈
禱祝福：

> 想像著，前面有各式各樣的動物
> 牛、羊、豬
> 雞、鴨、鵝、魚、蝦
> 鴿子、兔子、青蛙
> 還有其他很多很多的動物
>
> 親愛的動物們
> 感謝你們，犧牲生命來餵飽我們
> 甚至，為我們的家庭帶來經濟收入
> 感謝你們滿足我們的口腹之欲
> 感謝你們讓我們的祖先長輩們活下來
> 讓這個家族延續下來
> 感謝你們為這個世界所做的貢獻
> 感謝你們平衡了這個世界的生態
>
> 我們不但取走了超過我們需要的
> 我們還隨意地浪費你們、傷害你們

我們為我們的浪費向你們道歉

對不起

所有的動物都有靈性

人是萬物之靈

但我們卻沒有好好地對待你們

對不起

請原諒我們

今後，我們會珍惜生命，照顧好大自然

做好環保的工作

因為我們照顧的不再只有我們自己

還有我們下一代所生活的地方

而這不是別的地方

這是我們共同的家園

現在，把我們心中的愛和心中的光

伴隨我們的祝福，都照射到前面這些動物們身上

讓它們感受到我們的祝福、我們的愛

想像生命之光從無限的宇宙

照到所有這些動物的身上

感恩這些動物為我們的經濟提供的所有幫助

感恩牠們為我們的口腹提供滿足

為這個世界帶來平衡

沒有牠們，我們也會毀滅

原諒我們的貪欲和自私

謝謝你們，如果我們的家人曾經傷害過你們

我在這裡向你們道歉

我知道有些事情無法挽回

但在這裡我學習到了更加珍惜生命

我不再濫殺動物

我會盡我的能力，為這個環境帶來尊敬、保護

你們都是我們的一部分

謝謝你們，我愛你們

把心中的光送到這些動物們身上

讓這份感謝和祝福

照耀到所有我們傷害過的動物們身上

讓牠們在我們祝福的伴隨下

回歸生命的源頭

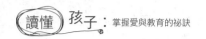

系統觀讀懂孩子

常見疾病

氣喘

　　氣喘的系統動因來自家族裡的驚嚇事件，或者一些恐怖事件、意外事故等。如果孩子小時候經歷過驚嚇，或者是重大創傷，加上這種家族系統動因，就更容易患上氣喘。

思覺失調症

　　思覺失調症往往是因為家族裡存在謀殺事件，而孩子承接了加害者與受害者雙方的能量。因為加害者與受害者在他內在是對立分裂的，所以他承接了這兩股能量後，內在就產生了嚴重的分裂與對立。

注意力不足過動症

　　注意力不足過動症的基本原因，是孩子的內在有很多能量，所以沒有辦法安定下來，他的注意力是分散的。從家族系統排列中，則還有其他的原因，比如孩子的父母是分開的，或他們的管教不一致，甚至對立、爭吵，從而導致孩子一方面要配合爸爸，一方面要配合媽媽，以致注意

力不能集中。

妥瑞氏症

妥瑞氏症的系統動因，有可能是家族裡有一些傷害動物、電擊動物，或者是敲打動物的頭部，導致動物腦部受傷、受損等行為。因為動物也是我們生活的這個世界系統的成員，所以如果我們用不適當的方式對待牠們，甚至去傷害不應該傷害的動物，這種殘忍的對待就會帶來負面的能量，如同詛咒一般回饋到我們的家族裡。孩子往往最容易吸收、接收到這些負面能量。此外，一些家族的謀殺事件，也可能導致癲癇或妥瑞氏症的發生。

躁鬱症

躁鬱症又稱雙極症，有躁症發作、鬱症發作。

躁症發作是因為在家族裡面，有一些事情我們不願意去面對，比如親人過世。而另一方面，他通常感覺自己像超人一樣無所不能，情緒非常容易躁動，但總不能腳踏實地去落實。

鬱症發作是指，人們沉溺於過去發生的事情裡，困在那種憂鬱、抑鬱、悲傷的情緒裡，這個時候就會產生鬱症。

　　當家庭裡發生一些難以面對的事情時，生在這個家庭的孩子往往想要為這個家承擔。上面提到的兩種病症，一個是因不願面對而產生，一個是因困在事件中而產生。當兩者都被孩子承擔的時候，就會產生躁鬱症這樣的疾病。

厭食症

　　孩子厭食一般跟父親有關係。當父親想要離開家，甚至有自殺的想法，孩子想代替父親離開就容易出現厭食的情況。如果孩子暴食，就代表孩子只能接受母親，而無法接受父親。若是暴食又催吐則表示孩子只能接受母親，但同時又想跟隨爸爸離開或死去。這是從系統排列中觀察到的許多實例。

過敏

　　神經比較敏感的人，往往是因為他的家族裡面發生過一些家人難以接受的事，他們想要把這些事排除掉，所以出生在這個家的孩子，就會對某一些東西產生過敏反應。

　　當孩子們出現這樣的身體反應，就表示他遇到了一些無法消化或者不願意接受的事情。或者是因為一些難以接受的焦慮反應，從而引發過敏現象。

自閉症

自閉症的系統心理動力，往往源於家族系統裡的祕密。家人不願接受這個祕密，於是就把自己的心靈封閉起來。他們的心靈就像被某種屏障阻斷了，他們能夠看到的事情變得很有限，他們生活的世界就像一個封閉的盒子。而出生在這個家的孩子就承接了這樣一種遺傳記憶，好像自己活在一個封閉的世界裡，只能看到自己關注的那個小小的世界，看不到周圍的廣闊世界。

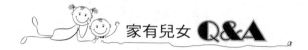

家有兒女 Q&A

Q：孩子右腿浮腫兩年多了，醫生說是淋巴回流障礙，但找不到原因。孩子走多了路腿就會脹，尤其是腳踝部分。

A：如果孩子手腳有問題，有一個可能，那就是孩子不想行動了，這時，孩子的腳就會出問題，因為這樣他就不用走了。或者，是孩子在替代什麼。我在實際工作中遇到過一個案例，因為媽媽一直沉浸在失去丈夫的悲傷中無法前行，所以女兒就代替媽媽——女兒雙腳就無法行走。等到媽媽放下自己的悲傷，重新開啟人生的新旅程，女兒也就能夠走路了。

Q：老大曾是小腦萎縮，但現在老二走路也不穩了，我很擔心他也會一樣。

A：家人中出現有類似的病，有時候是因為一種盲目的忠誠，亦即當一位家庭成員發生這樣的事，為了忠誠於他，所以其他人也發生同樣的事。如果老大沒發生這樣的事，老二也不會這樣。但這種忠誠的愛會讓整個家庭悲劇不斷，不是一種成熟的愛。真正的愛是，即

使大哥這樣，我也依然要讓自己健康快樂。所以，你要告訴你家老二：「我知道你愛哥哥，但哥哥有自己愛這個家的方式，有自己的命運。你要感謝哥哥為這個家付出的一切。而你也要用不一樣的方式來愛這個家。」

Ｑ：孩子有過動症，剛上幼稚園，常坐立不安，又老是搞破壞，對周圍的小孩除了打就是罵，在幼稚園時需要特別看護。我帶他看了很多精神科的醫生，但狀況還是時好時壞。

Ａ：過動症的孩子，注意力往往是分散的。很多這樣的孩子，他們爸爸、媽媽之間是疏遠的，爸爸一個樣，媽媽是另一個樣。家裡處於這種情況時，孩子的注意力就沒有辦法集中。當爸爸媽媽的關係真正和諧了，他就可以集中注意力。

如何做？多給他一種爸爸媽媽是在一起的感覺。在家裡，爸爸媽媽多坐在一起，多牽牽手。管教孩子的時候，爸爸媽媽也要一致，不要爸爸對他發脾氣，媽媽卻護著他；一個要這樣教，一個卻要那樣教，這樣孩子就會是分裂的。而在爸爸媽媽合一的過程中，他會越來越覺察到爸爸媽媽是一致的，是一體的。這樣你

們就不會把孩子過動的情緒誘發出來。

孩子喜歡打人、喜歡破壞，是因為他內在的情緒不穩定，所以外界一觸動，他就發作了。你們要讓他去發洩，最好的方法是帶孩子多運動，比如踢足球、打籃球、游泳，讓他的情緒有一個出口，慢慢地，他就學會控制自己的力量了。

Q：最近剛當了媽媽，可是看到一個新聞把我嚇壞了。有個大學生，學習成績還蠻好的，但突然就把自己的媽媽殺掉了。這給了我非常大的震撼，我不知道為什麼孩子會那樣對自己的媽媽。

A：像這種社會案件，因為我們不知道具體細節，所以只能是推測。有可能他們家族裡曾經發生過謀殺事件，那樣的話，他無意識裡就會承擔著這種謀殺者的衝動。

有這種謀殺事件的家族，一般會導致後代出現兩種狀況：要麼產生思覺失調症、躁鬱症、妄想症；要麼重複這些事件，去殺害或傷害別人，或者使自己被傷害，再一次經歷那些事情。

CHAPTER 7

我的教育觀

探尋自己的人生，

認識並發揮自己的熱情，

這是我從父母那裡得到的

最重要的教育。

什麼是真正的成功

　　現在人對成功的標準有一些迷失，而這也影響了家長對孩子成長的期待。大多數家長以孩子的考試成績優異或者考上名校作為成功的標準，孩子能不能活用自己學到的知識、孩子有沒有創造力，這些反而沒有多少家長關心。這樣的教育使得許多孩子死記硬背課本知識，能透過考試就萬事大吉；上了大學，所學的並不是自己喜歡的學科，工作了也不能發揮自己的特長。所以我想，是時候認真思考一下，什麼是真正的成功了。這樣我們才能夠確定教育的正確方向是什麼，才能用更正確的「道」幫助孩子走向真正的成功。

　　什麼是真正的成功？很多人給出過答案和標準。我認為以下四點可以作為成功的參考標準。

　　第一，他要擁有高尚的品德。我們常說「德才兼備，以德為先」，一個人有高尚的品德才能得到他人的尊重。

　　第二，身心健康，情緒開朗穩定。如此，他面對任何困難都能淡定、從容地去處理。

　　第三，懂得表達自己的情感，懂得愛自己和他人，擁有良好的人際關係。這樣的人，他的生活環境會和睦友愛。

第四，能夠勇於探索自己的人生，找到自己的熱情所在，並且能夠勇敢地實現自己的理想，為這個社會做出自己特有的貢獻。

當明確以上這四點，我們也就能確定未來教育孩子的方向。當孩子朝向這些方向發展的時候，我們就知道他已經走在對的路上了。請不要把焦點放在孩子的考試分數上，也不要把視線一直放在他的薪資條上，只要他能夠朝向這四個標準努力，只要能達到其中任何一條標準，你的孩子就已經是一個成功的人了。

具體該怎麼做呢？家庭教育是根，父母要成為典範。

我們常說要創造好的家庭環境，但什麼是好的家庭環境？不是開名車、住豪宅，而是父母良好的典範。只要我們自己達成以上四項成功標準中的一項以上，並讓孩子看到我們人生的樣子，基於歸屬感的需求，孩子會讓這些良好的種子植入他的人生土壤裡；日後加上他自己的探索與努力，他就有機會實現自己的人生理想，開出屬於自己的花。這就是父母要創造的家庭環境，這就是家庭教育。

因此，我認為教育的焦點就是這四種教育的結合，即愛的系統教育、品德教育、情緒教育，以及實現人生理想的生命教育的結合。

愛的系統教育

愛的教育不僅是教孩子如何愛，在落實的時候更要把握系統思維，所以我稱之為「愛的系統教育」，這也是本書特點，也就是明白「我們每一個人都在系統裡，我們做了什麼，我們怎麼愛，就會帶來什麼結果，創造怎麼樣的人生」。

在 20 年的工作實踐中，從上萬個案例裡面，我已經看到，每一個人都在系統裡。就如同前面章節所說的，孩子因為對系統裡愛與歸屬感的需求，往往會用一些偏差的行為或不良情緒、疾病來歸屬於這個系統。因此，即使我們教育孩子遵循了道德規範，或者為他培養一些好的品性，但如果沒有滿足他內心深層對愛與歸屬感的需求，那他還是有可能困在盲目的愛裡，阻礙自己進入「馬斯洛需求層次理論」中提到的自我實現的需求。

每個人都在關係系統裡，所以我們要在關係中教會孩子如何愛，把孩子盲目跟隨的愛轉化為一種成熟的愛。比如我輔導的那些犯法的少年，他們打架、傷害或者偷竊，但在這些行為背後我看到的是家庭的傷痛。比如父母失和、離婚、吵架等等，讓孩子沒有歸屬感，於是孩子就在外面尋求歸屬感。一旦結交不好的朋友，就被這些朋友帶

入歧途。

我在兒童醫院輔導很多生病的特殊兒童，比如癲癇、自閉症、過動症、妥瑞氏症，甚至一些腦神經的罕見疾病。那些疾病背後的真相是，這些孩子其實是在為家庭承擔某些情緒。患上這些奇怪的疾病，正是他們愛這個家的方式。

因此，愛的系統教育非常重要。那麼，我們要如何教孩子學會愛這個家的正確方式呢？

首先，可以從父母之間的互動中學習。夫妻之間要用一種平衡的方式來愛對方、尊重對方，這樣，在生活的點點滴滴間，孩子就會學習到這種愛的方式和尊重的方式。而當夫妻意見不合，彼此需要透過討論甚至吵架達成共識的時候，孩子也能學習到怎麼帶著一份愛來溝通。同時，夫妻雙方要學會達成一致，以同樣的意見、同一陣線來面對孩子，這樣孩子就會感覺到穩定、安全。

最重要的是，我們要教孩子遵循五大法則，也就是整體法則、序位法則、平衡法則、事實法則和流動法則。

在整體法則裡，我們要教孩子學會尊重，尊重家族裡面每一個成員，包括那些被墮胎的孩子、夭折的孩子，以及家族中發生不幸、意外死亡的家族長輩們。對那些人做紀念的事情時，盡量讓孩子也參與進來。如此，他們就能

學會尊重家族裡每一個人的命運，並且把他們都放在心裡面。

關於序位法則，我有一個自己的例子。有一次我們夫妻在家裡討論事情，出現了意見分歧，並且吵了起來。這時兒子在旁邊，對他媽媽說了一句不太禮貌的話。我立刻停止了與妻子的爭執，嚴厲地指出孩子的錯誤。我對兒子說：「爸爸媽媽吵架，是爸爸媽媽之間的事，這是我們大人的事。但是你的媽媽永遠是你的媽媽，你不能對她不禮貌，你要尊重她。」表面上孩子似乎是在贊同我的意見，但是他涉入了我和妻子的爭吵，而且對他媽媽不禮貌，這顯然違背了序位法則。透過這件事，孩子就能認識到，他愛我可以，但必須回到自己的序位。他要尊重他的媽媽，這樣我才能感受到他對我的愛。

第三個是平衡法則的運用。比如，教育孩子想要得到就得先付出的道理。我兒子小的時候很想要一個樂高玩具，那時候我們正在鼓勵他讀一些傳統經典，於是就用這個作為條件。為了得到那個玩具，他很努力地背誦了老子的《道德經》。此外從 5 歲開始，我會邀兒子跟我一起洗碗。透過這樣簡單的家務，他開始學會用付出來平衡這個家對他的愛。當孩子可以付出時，他就能接受更豐盛的給予。

除了家庭的系統之外，還有一個更大的系統，就是地球的系統。這個系統裡面除了我們人類，還有許多其他生物。我教育孩子要珍愛生命，愛護所有生命。我的孩子很特別，他從小就不喜歡吃肉，他看到那些動物被殺害，會覺得很殘忍，所以他從小就很少吃肉。我們對他並沒有飲食的要求，吃什麼或不吃什麼完全是他自己的選擇，但是很自然地，他對自己的生命、對周遭的生命有一份覺察，很自然地就選擇不吃那些活蹦亂跳的動物。這就是一份對系統整體的愛。

永遠不能忘記品德教育

品德教育的內容很廣泛，包括孝悌、忠信、禮義、廉恥等。對孩子進行品德教育最好的方法是身教，家長要在自己的一言一行中將「品德」二字滲透給孩子。在我心裡，我的父親就是一個有著高尚品德的人，從他身上我學到了許多良好的品德。

《弟子規》說「首孝悌」，我父親教給我的第一堂品德課就是孝悌。他是一個非常孝順的人，對兄弟姐妹也非常友愛。以前他家裡窮，所以他賺的錢一大部分都拿回家交給我奶奶，幫助維持一家人的生計。我也學習到了他的

這種孝悌精神，街坊鄰居都在我母親面前誇獎我。我們兄弟姐妹之間也都彼此關愛，相處很和睦。

勤儉的習慣也是我從父親身上學到的。父親一直都特別節儉，所以我的衣服鞋子也總是能穿的就穿，不能穿的就捐，從不隨便丟棄浪費。我花費最多的可能就是在學習和買書上面了。

我父親是政府官員，在政府稅務部門供職，曾經管轄過當地最有名的年貨大街迪化街。我看到過很多商人帶著禮物來拜訪他，也看到很多禮物下面藏著大額的鈔票。每次我父親都會非常堅決地把錢退回去。從這些事情上，我學到了忠信清廉，也看到了父親的官場智慧。父親對朋友也非常有義氣，只要朋友需要他幫忙，他總是二話不說為之奔走。

更重要的是，我父親教會了我面對錯誤的態度。小時候每當我犯錯，父親不會罵我更不會打我，而是有智慧地引導我好好思考，到底犯了什麼錯，如何面對，要怎麼改過。在過去的人生道路上，我也的確犯過許多大大小小的錯。父親的這些引導幫助我反省自己，並勇於改過，而這也影響到我教育自己孩子的方式。

我孩子 7 歲的時候，有一天我陪他在一家書店看書，那家書店很好，允許讀者自己挑選喜愛的書在店裡閱讀。

我兒子挑了一本關於汽車遊戲的書，我陪著他一起坐在書店讀。那本書蠻厚的，兒子翻頁的時候沒拿穩，書在手上滑了一下，「刺啦」一聲把一頁撕開了一個 1 釐米左右的小口子。孩子驚住了，茫然地望著我。我當時想，裂口很小並不會被注意到，把書一闔就掩蓋過去了。但又一轉念，覺得這正是一個教育孩子的好機會。

　　我問他：「我們現在怎麼辦？」兒子還是有些不知所措。我引導他：「你好像犯了一個錯誤哦，好好想想看，怎麼解決它。」我們討論了一會兒，決定由兒子把這本書拿給收銀台的店員，告訴店員事情的經過，請教店員他應該負什麼責任。如果需要他把這本書買下來，我可以幫他付錢，之後他需要用做家務的方式來「償還」這筆費用。

　　當下，兒子抱著那本又厚又重的書緩慢而笨拙地走到收銀台前面，告訴店員發生的事情，並將那道撕破的小口子展示給店員看。店員看了，微笑著點點頭，溫和地說：「只有一點點哦，沒有關係的。」整個過程他自己完成，我躲在一邊準備著，一旦有突發狀況就衝出來幫忙。當聽到店員的話和看到兒子如釋重負地鬆了口氣時，我也長長地鬆了口氣。

　　回家的路上，我問他：「你學到了什麼？」兒子的小臉竟罕見地認真起來，說：「我知道自己犯錯了。雖然一

開始很害怕，但沒想到真正去面對的時候，竟然被原諒了。」

我想，兒子經歷的這件事情對他是一次很重要的學習，於我也是對父親的再一次學習。

為什麼擁有高尚品德的人就是一個成功的人呢？因為它完全符合「生命五大法則」。孝悌，其實就是序位法則的體現；忠信則順應了整體法則，因為它照顧著系統裡面每一個人，而朋友的義氣就是一種平衡的法則。懂得廉恥，知錯能改，那正遵循了事實法則。

我母親則教給我品德的另外一些內涵。母親是一個非常善良並且有愛心的人。她教我看到別人的好處、不要隨便說別人的壞話，多說好話。而這就是關於愛的流動法則。

因為母親這份善良與愛的身教，很多年以來，我一直堅持做公益。我幫助過許許多多的家庭和孩子，其中不乏殘疾生病的人、少年犯，或是因為家族因素沒有辦法過自己人生的人。我盡力支持他們朝更健康快樂、更成功的方向走。我們的企業捐建了一所希望小學，幫助了兩百多個孩子。我自己在世界各國也認養了 38 個孩子，讓他們有飯吃、有衣穿、有書讀。這一切都是我從母親那裡學到的，那一份善良的愛心。

我做公益的時候會盡量把孩子帶在身邊，讓他學習這份愛與善。所以對於弱小者，他也會充滿悲憫。從五、六歲開始，每次在路上遇到可憐的乞討者，比如身患殘疾的，或者歲數特別大的，兒子都會拉著我的衣袖指著那個乞丐說：「爸爸，他很可憐。」這個時候，我就會拿出一些錢讓他佈施給對方。有一年過年，我們在孤兒院做義工，他把自己存了大半年的零用錢全部捐給了那些孤兒。

對於一些弱小的物種，他同樣充滿愛心。有一次我帶他去爬山，路上有三、四個小孩抓了好些蝴蝶放在一個透明的小塑膠桶裡。被抓的蝴蝶們在塑膠桶裡東衝西撞，無望地掙扎。那個時候他只有五、六歲，面對那些比他大的孩子，他毫無畏懼之色，指著那些蝴蝶說：「牠們好可憐，你們應該把牠們放回家，要不然牠們會死掉的。」那些孩子的家長也在旁邊，聽了我兒子的話很是讚賞，勸說自己的孩子把那些蝴蝶都放回大自然。

我想，真正的品德教育應該就是這樣，父母以身作則，在生活的點滴間無聲展開。我父母是這樣實踐的，我也是這樣實踐的，希望我的兒子將來也能這樣教育他的孩子，一代代傳承下去。

表達自己、關懷他人就是
成功的情緒教育

　　情緒教育也就是讓孩子學會怎麼正確地表達情緒、控制情緒、轉化情緒，並學會如何與人溝通。

　　在我父親的那個時代，他們所受的教育是「男兒有淚不輕彈」，所以我從父親那裡學到了一份堅忍與堅強。但因為他用這種比較壓抑的方式來處理自己的情緒，所以他五十多歲的時候就得肝病過世了。

　　我愛我的父親，但在接觸系統排列之後，我學到了，不需要跟他用相同的方式來對待及壓抑自己的情緒。而且，正因為我愛我的父親，我要用更好的方式來轉化我的情緒，運用我的情緒。也因為這樣的信念，所以我對於情緒的掌握，還有情緒的轉化特別快。這樣的經驗讓我有能力幫助許多人面對他們的情緒。

　　在家裡，我的孩子也受到我的影響，學會了情緒的表達與轉化。在兒子幼稚園時，老師就發現他的情緒很平穩，能夠很快速地轉化情緒。他不像有的孩子，要麼情緒特別容易激動，要麼情緒很壓抑，或者有時候困在自己的情緒裡傷心不已，大哭大叫。幼稚園的老師們非常驚訝於這一點，還邀請我到他們幼稚園為其他的家長和老師做演

講，教導他們幫助孩子提升情緒管理能力。

我覺得情緒的表達和轉化，關鍵在有良好的親子關係。你要願意聽孩子說，孩子才願意跟你說；你懂得如何去傾聽，如何跟孩子溝通，孩子才會願意聽你說。

我兒子 7 歲的時候，有一次帶著玩具到他表弟家玩。他有兩個表弟，一個 6 歲，一個 4 歲。他不想把玩具借給 4 歲的小表弟玩，所以那個小表弟就一直追著搶他的玩具。後來，我兒子急了，打了小表弟兩拳，小表弟立刻還手，兩個人扭打成一團。大人們見狀趕緊把他們拉開，讓他們平靜下來。雖然大人們勸說他們兩個握手言和，但兩個孩子都不願意。

我們回家的路上兒子主動跟我說：「爸爸，關於剛剛跟小表弟打架的事情，我想跟你聊一聊。」（這竟然是一個 7 歲孩子的 EQ！）

我回答：「好啊，剛剛怎麼了？你為什麼突然轉身打小表弟？」

兒子說：「我把樂高玩具放在背包裡了，小表弟沒有經過我的同意就自己去拿，情急之下我來不及阻止，就轉過身打了他兩拳。」

「哦！你那時候一定是被逼急了。」

「是啊，他就一直追著我要。」

「那下一次你可以怎麼做？你是否願意和他分享這個玩具呢？」

「可以呀，我有分享給大表弟。」

「那為什麼不借給小表弟呢？」

「因為他沒得到我的同意就把玩具拿走了，而且他會在旁邊大喊大叫，所以我不想借他。」

「如果他先徵求你的意見，並且在一邊安靜地等待你的答覆，你願意借他嗎？」

「嗯，我會觀察他。當他能安靜等待，並且答應小心玩這個玩具時，我就會借給他。」

「太好了！就這麼辦。」

兒子認真地點點頭。

我又問：「但是如果他辦不到，而你又不想借他的時候，是否可以用別的方式來表達，而不是動手呢？」

兒子想了想說：「我可以用說的方式，然後把我的玩具保護好。」

隨後，我就跟兒子做角色扮演的遊戲。我扮演那個小表弟，要搶他的玩具，我兒子努力保護自己的玩具，瞪著眼睛對我說：「我不想借你！」口氣非常肯定。

說完，我們兩個都笑了。

遊戲後，我問兒子：「如果弟弟太小，他聽不懂，還

是搶你的玩具，怎麼辦？」

兒子想了好久，終於想到一個解決辦法，就是去他們家玩的時候不帶玩具。這樣，小表弟沒有看到這個玩具，就不會要了。

過了兩天，我又帶兒子去表弟家玩。這次，他沒有帶玩具。小表弟發現兒子沒有帶玩具，抱怨了兩句就忘記了，三個小朋友玩得很開心。

所以，當孩子有情緒的時候，我們要教會孩子，正確地表達自己的情緒。當情緒得到表達後，孩子會冷靜下來，理智地想辦法解決眼前的問題。同時，在找解決方法的過程中，他也能成功地轉化那些情緒。

孩子，我們這一生為何而來

我是誰？我為什麼而活？這是生命的核心問題，也是靈性教育。作為父母要鼓勵孩子去探索自己的人生，找到生命的趣味，認識自己並發揮自己的熱情，找到真正想要做的事情。這是我從父母那裡得到的最重要的教育。

他們總是讓我自己去發現我想要什麼、我人生的目的是什麼、人生的意義是什麼。他們給了我一個無限的空間去探索，從來不對我設限。因為有了這樣的自由，我願意

為自己的人生負責任，勇敢地去探索。並且更重要的是，我找到了實現人生價值的方向，進而對這個社會作出貢獻。我認為這是父母親應當教會孩子的最重要的一件事情。

事實上，是宇宙這個大生命，透過父母這樣的媒介，把每個生命帶到這個世界上。因此每個孩子來到這個世界，都有他的人生使命。作為父母，把生命傳給孩子，已經是一件非常了不起的事了，如果能夠支持孩子去達成他的人生使命，那真的就是父母最大的成就了。

如何協助孩子去達成他的使命？最重要的還是自己以身作則。

作為父母，我們是否找到了自己人生的使命，清楚自己這一生為何而來？我們是否能夠認識自己，找到自己的天分、自己的熱情，並且好好地發揮？我們對自己所做的事情，是不是常常抱有一份肯定？當我們做到這些，我們才能夠更好地影響孩子，幫助孩子立下他人生的志向，實現他人生的理想。

比如，我在二十幾歲的時候開始探索：我是誰、為什麼活著、我這一生為何而來。我的父親給了我很大的空間。最開始，我對自然科學有興趣，尤其對物理。整個中學時代，我對物理都很癡迷，喜歡做實驗，學得還不錯。

從物理學的角度我開始瞭解，這個世界是怎麼構成的。上大學的時候，我開始接觸到社會科學和商學，這些也讓我產生了濃厚的興趣。後來，我接觸到中醫，我覺得這就是我想要的，因爲中醫對人的瞭解是一種整體觀，對天地與人之間的互動也有很多探索。透過這種哲學觀，我對人與天地又有了更深的認識。我開始當中醫師，紮針灸，幫了不少人，我也非常開心。

行醫過程中，我發現醫人最後還是要醫心。機緣巧合中我到了德國，接觸到了系統排列心理學。我發現系統排列是一門整合的學問。於是，我全身心投入其中。沉浸其中我才發現，原來我以前學過的物理學、醫學、心理學、商學、哲學、宗教與傳統文化，其實都可以融入其中。

作爲一位家族系統排列導師要有深厚的底蘊，這是由導師過去所有的生命歷程和專業經驗累積，以及一顆腳踏實地、不斷精進的心所養成的。更重要的是，我要訓練自己感知背後這份生命力量的推動，進而面對生命本來的樣子。

在全世界，我已經幫助了成千上萬的人。對這一切，我要感謝我的老師海寧格及我所有的老師。他們使我站在巨人的肩膀上，讓我看得更廣、更遠。同時，我也非常感謝我的父親，正是他給了我這樣的空間，讓我能夠真正靜

下來跟自己的內在建立連結，從而明瞭自己真正想做什麼。父親的支持讓我這一路能夠完全追隨自己的內心，找到自己的人生使命。

我想，生命的意義就是，活出生命所創造出的獨特的自己。父母生孩子時，是生出他的肉體生命；如果因為父母的支持，孩子滿足了靈性的需求，立身行道，活出自己，那就是再一次在「道」中生出自己，生出自己內在的靈性生命──這份重生就是孩子所能夠回報給父母最偉大的禮物了！

未來教育的新焦點就是以上這四項教育的整合，對於這四項教育之間的連結及整合後所帶來的效益都還在發展階段。如果能夠有這四項教育工作者的跨領域整合，我相信未來的教育必能培養出更多優秀的人才。要是有越來越多的家長、學者、教育工作者和社會熱心人士能將這四項教育帶入家庭與學校，就能有越來越多的孩子以良好的品德、開朗的態度、成熟的愛與智慧創造成功的人生，一起為更多的生命服務，實現更多美好的人生！

練習 48 小時內行動

現在，你和孩子的新故事才正要開始……

第一：請參考〈附錄一：給家長的家族關係檢視表〉，開
　　　始瞭解你的家族系統，尋找認證合格的排列師爲你
　　　進行系統排列，以便更瞭解自己與孩子的家庭系統
　　　動力，朝向更健康快樂的方向成長。這將開啓你人
　　　生的新旅程。

第二：48 小時內完成一件有「愛」的事，這份愛要遵循
　　　生命五大法則。請專注內心，並將心中想到的這件
　　　事寫下來，然後在 48 小時內落實行動。一旦我們
　　　開始遵循生命五大法則生活，我們會發現這個偉大
　　　的生命正全心全意地照顧著我們、我們的孩子、我
　　　們的家庭，以及這個世界。

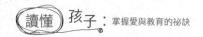

孩子：掌握愛與教育的祕訣

附錄 1

給家長的家族關係檢視表

整體歸屬感

· 大家都知道祖父、祖母和外公、外婆的名字嗎？

· 你瞭解祖父、祖母和外公、外婆的歷史與為人，並承認及尊重他們嗎？

· 在家裡談到所有其他家人時，你的態度是尊重的嗎？

· 你是否瞭解你的家族系統有哪些成員呢？

· 是否所有家人都有同等的歸屬權利，沒有人被排除？

· 是否所有家人都感到歸屬於這個家？

· 孩子們感覺自己屬於這個家嗎？

· 在心理上，是否讓早逝或早夭的家人，仍然屬於這個家？

· 對於曾犯錯、犯罪或施行暴力的人，大家是否仍接受他是家庭的一員？

· 夫妻是否有在心中給墮胎的孩子一個位置，並一起面對？

・遇到危機時，家人是否能團結共度呢？

回歸序位，負起自己的責任

・超過兩代以上的家族裡，是否有某些傳統出現？大家尊
　重這些傳統嗎？

・長年對家付出的人是否受到尊重？是否被公開地感謝？

・家長是否清楚身為一家之主的責任？

・家長是否認為自己是在為這個家和家人們服務？

・大家都有為這個家共同的幸福和諧努力嗎？

・家人的身份位置與責任義務之間有明確的界定嗎？

・長輩對晚輩是否帶著關愛、照顧的態度？

・在晚輩需要時，長輩是否能嚴格管教？

・晚輩是否尊重長輩？提到長輩時，自己態度是正面的
　嗎？

・晚輩能否以尊重的方式表達不同的意見？

・夫妻提到對方時，態度是正面的嗎？你們是否尊重彼此
　的父母與家族？

・父母是否能自己面對彼此的衝突，不讓孩子捲入？

施與受的平衡

- 大家認為這個家的愛與被愛有平衡嗎？
- 每個人是否都珍惜家人對他的付出？
- 你是否對這個家的付出與回報感到平衡？
- 家庭工作是否被平衡地分配？每個人是否樂於接受自己範圍內的責任？
- 家長在乎家中每個人的需求嗎？
- 若發生危機，長輩們願意承擔責任與風險嗎？
- 夫妻能否向對方表示感謝，並想回報對方的付出？
- 夫妻間是否感到平衡？溝通是否順利？
- 夫妻對兩人間的性生活是否感到平衡滿意？
- 夫妻對於負面的傷害是否能表達出來，平衡處理？
- 家中金錢的互動與處理方式是否合理，遺產處理是否順利？
- 家人與外人間的金錢往來是否順利？有無不當得利？
- 家中是否有共同基金，作為這個家的休閒、學習與發展之用？

尊重與承認事實的原貌

- 家中每個人的身份都是被承認的嗎？
- 大家會公開談論家庭危機嗎？
- 大家會坦然承認錯誤嗎？
- 大家會稱讚好的表現、承認成功嗎？
- 對於家人的不幸死亡，大家是否能表達哀悼，承認事實？
- 若家人曾傷害、殺害他人或被別人傷害與殺害，雙方是否已經和解？
- 是否能尊重家族的祕密，或準備好以尊重的態度來面對？
- 對自殺、發瘋、重病或有不良嗜好的家人，大家提及時是否使用善意的話語？
- 提到自己或父母的前任伴侶與婚姻時，態度是否友善？
- 每個人是否瞭解家裡的財務狀況？

活在當下，生命力往前流動

- 提到過去時是否用積極正面的語言，而非否定或抱怨？
- 家人會不會一再犯同樣的錯誤，能不能從過去的教訓中

　　獲得經驗？

・家人是否一直懷念過去，而無法繼續前行？

・你是否認為父母希望你過得幸福快樂？

・當你過得幸福快樂時，是否會對原生家庭感到愧疚？

・當原生家庭與你成立的家庭同時需要你時，是否會優先考慮你成立的家庭的需要？

・家裡每位成年人的婚姻是否都順利？

・你的父母是否與你的另一半相處融洽？

・你是否能感受到父母已經把最好的給予了你？

・你是否將父母親給你的愛傳給了孩子？

・你是否實現你的使命，朝向你的理想邁進？

附錄 2

讀懂孩子——
生命教育／家庭教育在校專案實施計畫

　　教育工作方法與時俱進，各種教育方法發展蓬勃，並被普遍地運用在教育工作上，協助許多學生獲得更好的學習表現。然而在教學過程中經常會遇到學生深受家庭動力之束縛，影響其身心狀況與學習效果，從而出現教育工作進展受限或是無法著力的情況。這也是目前許多教育、心理老師無力之處。

　　針對這樣普遍的教育工作限制，以系統心理學為基礎的「鼎文生命教育」即是目前可以突破限制，彌補這一無力之區塊，針對孩子的家庭系統與身心狀況進行深層心理調適，以支持教育工作得以更有效開展的一種方式。透過這一系統工作的引進，以期真正瞭解孩子深層的心理狀況，並將父母、老師、孩子三者相互連結起來，以幫助孩子發揮最大的潛能，能夠更好、更開心地學習。「鼎文生命教育」以演講、實際互動體驗與個案探索這三種形式相結合的方法，讓父母讀懂孩子在情緒、行為、人際關係與

學習障礙背後的家庭心理動力，並引導家長及學生做出適
當的調整、改變，以針對個性化的困境找到系統上的著力
點，幫助孩子獲得更好的學習成就。

一、方案簡介

（一）方案目標：從系統心理學的觀點理解孩子議題的家
庭系統因素，並以工作坊之集體練習與系統排列個
案操作等活動來探索議題的解決策略。

（二）實施時間。

（三）執行單位。

（四）協辦單位：道石教育。

（五）參加對象：中小學及大學之家長及孩子為主，以及
關心學生情況的老師們。

二、服務流程

第一步：由學校召開演講會。

第二步：由導師與助教帶領家長與孩子探索深層心理動力
與尋找改變之道。

時　段 課程內容	第一天	第二天
上午	孩子的情緒、行為在暗示什麼	家庭重要事件如何影響孩子
	以系統整體觀瞭解孩子	系統動力的運作法則
	夫妻關係如何影響孩子	親子問題個案操作三
	家庭教育實際互動體驗	親子問題個案操作四
下午	孩子學習問題與人際關係暗示什麼	親子問題個案操作五
	系統排列的基本概念簡介	生命教育實際互動體驗
	親子問題個案操作一	愛的序位與解決之道
	親子問題個案操作二	返回生活與運用

三、課程執行與評估

（一）課程執行。

（二）課程評估。

第一步：課程前後問卷。

第二步：參與成員回饋。

四、預期效益

（一）預計服務孩子及其家庭家長 500～1000 名／校。

（二）透過參與，有八成家長對孩子有更多瞭解，並能覺
　　　察到孩子的問題與自己及家庭的關聯性。

（三）透過演講、個案探索與互動體驗之參與，有八成家
　　　長找到孩子與家庭問題的後續調整方向。

附錄 3

百萬家庭讀懂孩子
讀書會籌辦計畫與討論題綱

孩子，總是最能牽動整個家庭、乃至家族的那一個。

孩子，總是最能帶給我們快樂與希望的那一個。

孩子，也總是最能讓我們頭疼、束手無策的那一個。

束手無策，是因為我們不懂孩子。

頭疼，是因為我們只看到孩子表面的問題。

其實孩子所出現的問題，

只是他們愛父母、愛家庭的方式。

只有看到孩子的愛在哪裡，我們才能「讀懂孩子」。

周鼎文老師將系統排列引進華人地區，20 年來透過系統排列這門「自利利他」的學問，已幫助成千上萬的家庭突破生命關卡與關係重建而獲得幸福。同時，也推動了生命教育、家庭教育、學校教育、心理教育、司法教育、諮詢輔導、企業諮詢等領域重新開啟整體視野與揚升內在轉化力量。

多年來，周老師一直在醞釀並行動，透過純公益的方式來幫助孩子們生命的健康和發展。2017 年，TAOS 道石學院正式啓動「牽手大愛 千場公益」活動，在全世界傳播中華傳統文化的正知正念，傳播系統排列助人技術。

2018 年初，周老師在台灣舉辦「家庭系統排列輔助兒童醫療研討會」，幫助特殊兒童醫院患有神經系統疾病的孩子及家庭，這也是「牽手大愛 千場公益」的第 500 場活動。活動中的互動體驗，讓參與人員眞實地看到了孩子疾病形成背後的眞相，明白了要看到孩子，而不是看到附加在孩子身上的表象問題。

這幾年周老師往來亞洲各地，公益足跡遍佈各地，包括香港、日本、新加坡、馬來西亞、中國大陸各地及台灣各地地方法院、特殊兒童醫院、家扶基金會……累積上萬個家庭輔導案例，並將積累的經驗書寫成書，發願幫助百萬家庭讀懂孩子。

周鼎文老師的話：

《讀懂孩子》這本書作者雖然署名是我，但是真正的作者是一群「天使父母和天使孩子」，是一群愛孩子的爸爸媽媽們，這是大家一起送給這個地球上孩子們的生命禮物。我們有責任把這份禮物送到天下所

有需要的父母手裡、孩子手裡，這將是一份充滿愛的分享。

而且，我決定把這本書的版稅全數捐出來作為服務生命基金，用於諸多公益活動，服務更多生命，促進個人的成長、家庭的幸福、企業的成功、社會的和諧。

如何讓百萬家庭受益呢？

我們將發起「百萬家庭 讀懂孩子」計畫，廣邀讀者從身邊的人群開始，組織讀書會或體驗沙龍，讓百萬家庭成員讀到《讀懂孩子》這本書，用系統的思維培養孩子，讓更多孩子身心健康。

誠摯邀請您加入本計畫，讓更多的生命活在愛與和諧當中！讀書會籌辦洽詢窗口，請詳見附錄四「道石教育集團簡介」末頁。

讀書會討論提綱

1. 簡述你理解到的歸屬感，回想自己或孩子曾經做過什麼事是為了與父母保有歸屬感？

2. 分享一則近期印象深刻、符合或不符合生命五大法則（詳見第一章）的案例。

3. 是否曾有「良知警報器響起」的經驗？當時怎麼做？現在會怎麼看當時的自己？

4. 嘗試繪製家族系統圖（詳見第二章的練習），說說畫完有什麼感想？

5. 聊聊當初是因為什麼原因而接觸這本書？

6. 覺察自己是否有處身於「加害—受害—拯救」的動力三角中？（詳見第三章）

7. 使用第三章的練習，示範稱讚孩子的方法。

8. 分享一則自己幫孩子修正行為的案例。

9. 身邊是否有隔代教養、重組家庭下的孩子？分享印象深刻的案例。

10. 列舉一個事件，運用本書提到的四種情緒（詳見第四章），分辨自己在事件中的情緒。

11. 分享一則自己和孩子發生的衝突。

12. 孩子或是自己是否曾經歷過親人的死亡，想想孩子那

段期間的狀況或分享自己當時的感受。

13. 列舉一個交友困難的案例？說說可以怎麼幫助這樣的孩子？

14. 平常會和孩子聊聊生活上的事嗎？通常在什麼時機下進行？

15. 說一說對「中斷的連結」的理解或感想？（詳見第五章）

16. 身邊是否有重男輕女的案例？或是罕見疾病的家庭？

17. 分享對第六章的哪一則案例印象最深刻？

18. 說說自己是否有和孩子一同面對問題的經驗？過程是什麼？

19. 分享讀完第七章的想法或啟發。

20. 為自己許一個 48 小時內想完成的愛的行動，可以分享出來，也可以默默許願。

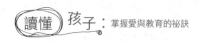
附錄 4

道石教育集團簡介

> 我們堅信每個人都能成長，
> 我們堅信每個人都是為了實現人生而來，
> 我們堅信人生的目的就是要活出內在獨特的自己，
> 我們堅信生命的意義就是要開花結果、生生不息！

　　道石教育是結合現代心理學、系統排列與中國傳統文化精華的應用心理學教育培訓機構。由國際著名系統排列導師周鼎文、游玉鳳、易蘭珍等多位導師聯合創辦，在臺灣、北京、香港等地都有校區。秉持著「為生命服務」的宗旨，提供最具專業性的家庭教育、生命教育、企業家課程、社會精英教育、心理健康諮詢與系統排列等成長課程服務。

　　道石教育致力於推廣具有中國文化特色的心理應用理論與專業水準認證，持續培養正知正念的專業導師人才。至今，已在亞太地區培養了數百名導師，其中很多已經是國內外各大機構的優質導師。他們曾在台大醫院、台灣各

地地方法院、學校，及中國人社部國家培訓網高峰論壇、中國科學院心理研究所、北京大學 EMBA 總裁班、首都經濟貿易大學等單位演講授課，受到與會來賓的廣泛讚譽與好評。

為支持更多生命朝向幸福成功，創辦人周鼎文老師發起了「牽手大愛 千場公益」活動，由道石教育導師團在各地積極開展心理健康、系統排列教育公益慈善活動，已在台灣、香港、北京、上海、廣州、深圳、青島、內蒙、新疆等地，以及日本、新馬等國家 30 多個城市成功舉辦超過 500 場次，已經有數萬人受益。2018 年道石教育發起「百萬家庭 讀懂孩子」計畫，老師、學員及義工們積極推廣讀懂孩子教育智慧，在許多學校、社區舉辦演講會、工作坊，或組織讀書會、體驗沙龍，讓百萬家庭成員從讀到《讀懂孩子》開始，用系統的思維培養孩子，讓百萬孩子身心健康，讓更多的家庭活在愛與和諧當中！

展望未來，道石教育將匯集更多志同道合之士，計畫建立一所結合中西方智慧精華、適合現代人身心成長的大學，以促進個人成長、家庭幸福、事業成功與社會和諧為目標，圓滿你我共同的夢想，為人類的發展共創幸福美好的生活而努力。

台灣道石教育

TAOS道石國際系統排列學院

地址：臺北市南京東路四段186號七樓之二

Tel：02-2578-3442

官網：www.taos.com.tw 及 www.thetaos.cn

E-mail：service@taos.com.tw

QQ：1182132149

道石教育網站

附錄

延伸閱讀

· 《愛與和解：華人家庭的系統排列故事（增訂新版）》
（2018），周鼎文，心靈工坊。

· 《家族星座治療：海寧格的系統心理療法》
（2001），伯特·海寧格（Bert Hellinger），張老師文化。

· 《當我們同在一起：父母、孩子、老師必讀的系統心理學》
（2009），瑪莉安·法蘭克（Marianne Franke-Gricksch），
道石 TAOS。

· 《在愛中昇華：海寧格智慧精華》（2009），伯特·海寧格
（Bert Hellinger），道石 TAOS。

· 《愛的序位》
（2008），伯特·海寧格（Bert Hellinger），商周。

· 《家族系統排列治療精華》
（2008），史瓦吉多（Svagito），生命潛能。

Holistic 123

讀懂孩子：掌握愛與教育的祕訣
"Really" Understand your Children：
Master the Secret of Love and Education.
作者──周鼎文

出版者─心靈工坊文化事業股份有限公司
發行人─王浩威　總編輯─徐嘉俊
執行編輯─林妏嘉
封面設計─黃昭文　內頁設計排版─董子瑈
通訊地址─106台北市信義路四段53巷8號2樓
郵政劃撥─19546215　戶名─心靈工坊文化事業股份有限公司
電話─02) 2702-9186　傳真─02) 2702-9286
E-mail─service@psygarden.com.tw　網址─www.psygarden.com.tw

製版・印刷─彩峰造藝印像股份有限公司
總經銷─大和書報圖書股份有限公司
電話─02）8990-2588　傳真─02）2290-1658
通訊地址─248新北市五股工業區五工五路二號
初版一刷─2018年5月　初版四刷─2023年7月
ISBN─978-986-357-118-6　定價─360元

國家圖書館出版品預行編目資料

讀懂孩子：掌握愛與教育的祕訣/ 周鼎文著
-- 初版. -- 臺北市：心靈工坊文化, 2018.05
面；公分.--（Holistic；123）

ISBN 978-986-357-118-6(平裝)

1.家族治療 2.家庭輔導 3.親職教育
178.8　　　　　　　　　　　　　　　　　　　107004711

心靈工坊 PsyGarden 書香家族 讀友卡

感謝您購買心靈工坊的叢書，為了加強對您的服務，請您詳填本卡，
直接投入郵筒（免貼郵票）或傳真，我們會珍視您的意見，
並提供您最新的活動訊息，共同以書會友，追求身心靈的創意與成長。

書系編號－Holistic 123　　　　　書名－讀懂孩子：掌握愛與教育的祕訣

姓名　　　　　　　　　　　　　　是否已加入書香家族？ □是 □現在加入

電話（公司）　　　　　（住家）　　　　　手機

E-mail　　　　　　　　　生日　年　　月　　日

地址 □□□

服務機構／就讀學校　　　　　　　　　　職稱

您的性別—□1.女 □2.男 □3.其他

婚姻狀況—□1.未婚 □2.已婚 □3.離婚 □4.不婚 □5.同志 □6.喪偶 □7.分居

請問您如何得知這本書？
□1.書店 □2.報章雜誌 □3.廣播電視 □4.親友推介 □5.心靈工坊書訊
□6.廣告DM □7.心靈工坊網站 □8.其他網路媒體 □9.其他

您購買本書的方式？
□1.書店 □2.劃撥郵購 □3.團體訂購 □4.網路訂購 □5.其他

您對本書的意見？
封面設計	□1.須再改進	□2.尚可	□3.滿意	□4.非常滿意
版面編排	□1.須再改進	□2.尚可	□3.滿意	□4.非常滿意
內容	□1.須再改進	□2.尚可	□3.滿意	□4.非常滿意
文筆／翻譯	□1.須再改進	□2.尚可	□3.滿意	□4.非常滿意
價格	□1.須再改進	□2.尚可	□3.滿意	□4.非常滿意

您對我們有何建議？

本人同意　　　　　　（請簽名）提供(真實姓名／E-mail／地址/電話等資料)，
以作為心靈工坊（聯絡／寄貨/加入會員／行銷／會員折扣等）之用，詳細內容請
參閱 http://shop.psygarden.com.tw/member_register.asp。

廣　告　回　信
台北郵局登記證
台北廣字第１１43號
免　貼　郵　票

台北市106 信義路四段53巷8號2樓
讀者服務組　收

免　　　貼　　　郵　　　票

（對折線）

加入心靈工坊書香家族會員
共享知識的盛宴，成長的喜悅

請寄回這張回函卡（免貼郵票），
您就成為心靈工坊的書香家族會員，您將可以──

⊙隨時收到新書出版和活動訊息

⊙獲得各項回饋和優惠方案